EXPRESS
EUROPEENS
КОНВЕНЦИОНАЛЪ
ЦАРИГРАДЪ ISTAMBUL
4e
VOITURE
SIMPLON
ISTANBUL
II CLASS
342
2

PATRICK POIVRE D'ARVOR

L'âge d'or du voyage en train

ÉDITIONS DU CHÊNE

4

Sommaire

1 I Locomotive d'un train kenyan.
2 I Les passagers du Simplon-Orient-Express se dégourdissent les jambes dans une gare bulgare.
4 I Orient-Express en gare de Milan, 1930.
6 I Train en gare, dans le nord du Canada.

6

8

EN VOITURE ! EN VOITURE !

C'était au temps où les trains entraînaient…

Entraînaient au plaisir, celui du dépaysement, de la rencontre, du luxe.

Le luxe a aujourd'hui mauvaise presse. Pour beaucoup, c'est le superflu, l'inutile, le gâchis, l'argent mal dépensé. Or le luxe, c'est tout le contraire. Ce peut même être une philosophie de vie : se payer le luxe de…. C'est en ce sens que le luxe peut être payant, ou coûter cher. Les nouveaux riches ignorent le luxe, ou n'en jouissent pas. Car il faut pour cela savoir que c'est une clé, pas un asservissement, pas une accoutumance. Une clé pour la liberté.

Depuis le milieu du XXe siècle, il apparaît facile de prendre l'avion. C'est devenu également relativement bon marché. Pourtant il existe toujours, et il va exister pendant longtemps, des voyageurs qui continuent à prendre le train, par goût de la liberté, du confort ou de l'exotisme. Prendre le train, c'est prendre son temps. C'est se déplacer à vitesse humaine, ou presque. C'est pouvoir regarder au-dehors, voir les paysages défiler, les gares s'animer ; c'est aussi regarder au-dedans, voir avec qui l'on voyage et parfois faire connaissance ; c'est enfin parfois regarder au-dedans de soi, parce qu'on a le temps, et que le lent balancement, la scansion du rythme imposé par les bogies obligent à la réflexion. Ou à l'assoupissement ! Mais dans les deux cas de figure, on rentre en soi et c'est toute sa maison que l'on déplace ainsi, comme les escargots.

Aujourd'hui, la plupart du temps, le train ne sert plus, comme l'avion d'ailleurs, qu'à relier un point à un autre. Le train va vite, très vite même s'agissant du TGV. Il peut atteindre la moitié ou le tiers de la vitesse d'un avion. Il peut encore faire mieux, des ingénieurs s'y appliquent. Il n'y a pas à s'en plaindre mais il n'est pas interdit de se laisser envahir par la nostalgie, celle du temps où le train était entraînant. Celle de l'âge d'or du voyage en train.

« Prêtez-moi, ô Orient-Express, Sud-Brenner-Bahn,
[prêtez-moi
Vos miraculeux bruits sourds et
Vos vibrantes voix de chanterelle ;
Prêtez-moi la respiration légère et facile
Des locomotives hautes et minces, aux mouvements
Si aisés, les locomotives des rapides,
Précédant sans effort quatre wagons jaunes à lettres d'or
Dans les solitudes montagnardes de la Serbie,
Et, plus loin, à travers la Bulgarie pleine de roses… »

Voilà ce qu'écrivait Valery Larbaud dans *Les Borborygmes*, en 1908. C'était il y a un siècle et c'était hier car nous n'avons pas changé à ce point. Je pense comme lui qu'« il faut que ces bruits et ce mouvement entrent dans mes poèmes et disent pour moi ma vie indicible, ma vie d'enfant qui ne veut rien savoir, sinon espérer éternellement des choses vagues ».

« Prête moi ton grand bruit, ta grande allure si douce,
Ton glissement nocturne à travers l'Europe illuminée,
Ô train de luxe ! [...] »

Tous les écrivains, tous les poètes tombaient alors amoureux du train. L'attirance était même parfois d'un ordre sensuel. L'homme faisait corps avec la machine comme dans *La Bête humaine*. Son adaptation cinématographique mettait en valeur les muscles de Jean Gabin, aussi huilés que sa locomotive était lustrée. Les conducteurs faisaient corps avec les locos, les cheminots avec les rails, les voyageurs avec les compartiments :

« Tous ces grands wagons gris, hermétiques et clos,
Dont le silence luit sous l'averse automnale,
Avec leurs inscriptions effacées, leurs repos
Infinis, leurs nuits abandonnées, leurs vitres pâles [...]
Oh ! les wagons éteints où l'on entend des souffles !
La palpitation des lampes au voile bleu...
Le train qu'on croise et qui nous dit qu'il souffre [...]
J'aime les trains mouillés qui passent dans les champs. »
Henry Bataille, *Le Beau Voyage*

Quand on voyage en train, on navigue. On ne roule pas, on navigue au long cours. Il y a du tangage, du roulis mais l'on se sent en pleine sécurité. D'où l'idée de bulle, d'espace que l'on aménage pour soi seul. Et, parfois, le luxe, ça ne va pas au-delà de ça. Le luxe, le confort, mais pas la routine.
Je n'ai jamais compris d'où venait l'expression : train-train.
Le voyage en train, c'est le contraire du train-train.
En revanche le vocable « en train » dit bien ce qu'il veut dire. Je suis « en train de faire quelque chose » : je suis en mouvement, il y a du charbon dans ma locomotive, j'avance...
Il y eut un âge d'or du voyage en train. Il y eut aussi, dans les décennies qui précédèrent, un âge d'airain. C'était celui des pionniers, des défricheurs qui tracèrent ces lignes de fer à travers des paysages, vierges le plus souvent.

3

Nous avons tous en mémoire l'avancée du « Grand Cheval Mécanique » en Amérique, toujours plus à l'Ouest, vers le mystérieux Far West. Mais à la même époque, sur tous les continents, des hommes payaient de leur sueur, et parfois même de leur vie, leur désir d'enjamber des fleuves, de franchir des montagnes, de creuser des tunnels. C'est à eux que nous devons ce maillage exceptionnel qui aujourd'hui relie d'autres hommes entre eux, d'autres femmes, d'autres destins. J'y ai souvent pensé dans le tunnel du Saint-Gothard, du Simplon ou aujourd'hui dans celui qui passe sous la Manche. C'est parce que les bâtisseurs, en ces temps héroïques, furent audacieux que les générations suivantes purent donner libre cours à leur désir de rêve, d'évasion.
Grâce à eux, des ailleurs furent ouverts à tous, des courants d'air déposèrent nos songes sur les rails qui les guidaient. Effilés comme des rasoirs tranchants, ils se frayaient un chemin dans les steppes, les taïgas, les manteaux neigeux, les forêts de bouleaux. Dans les jungles, les déserts, les zones les plus arides où nul être n'avait envie de s'arrêter. Ce n'est pas grave, il ne faisait que passer… Tout passe, tout lasse, tout casse, dit le proverbe tzigane. Mais grâce au train et à son âge d'or, tout passe beaucoup plus vite, beaucoup plus élégamment.
Il y a, pour longtemps encore, une poésie des trains comme il y a une poésie des gares. Celle des grands nuages de fumée, qui naguère enveloppaient les quais pour qu'on ne voie pas les dames pleurer ni les cœurs se serrer. Avec la fin des locomotives à vapeur, les adieux sur les marchepieds ont peut-être perdu en charme mais les départs restent plus poignants que dans les aéroports. Le train s'ébranle toujours lentement, à vitesse d'homme et, si l'on a un remords, on peut encore lui courir après… Pendant de longues minutes, il continue à se fixer dans le paysage, à s'y fondre jusqu'à ne plus dessiner qu'un point à l'horizon. Il est passé, il laisse une trace, comme n'importe quel voyageur.
Ce n'est pas par hasard qu'Émile Zola a qualifié de *Bête humaine* la locomotive que conduisait Lantier. Cet animal là est bien proche de notre espèce. Il nous permet de le chevaucher, comme on le ferait de chimères pour aller jusqu'au bout de nos rêves, de nos désirs d'ailleurs… Ses flancs recèlent de merveilleux trésors et, de tout temps, l'homme s'est évertué à les rendre accessibles, soyeux et délicats. « Est-ce que la vie sur terre ne pourrait pas se poursuivre sans vent ? Ou faut-il que tout tremble,

toujours, toujours ? », se demandait Henri Michaux dans *Plume*. Il devait parler de train...

Si le chemin de fer a tant inspiré les poètes, c'est qu'il se résume à un espace clos en mouvement. Et ces deux singularités-là, l'hermétisme et le déplacement, sont puissamment évocatrices. J'ai beaucoup voyagé en train, j'y ai beaucoup écrit. Un roman entier je crois, un récit très personnel, et un album, déjà, sur *Les Derniers Trains de Rêve*. À chaque fois, je m'y suis senti inspiré, serein, tout juste un peu inquiet à l'idée que la destination finale puisse arriver si vite, et me couper en plein élan d'écriture.

J'ai eu la chance de boucler deux tours du monde en train, pour les besoins d'un reportage, et mieux encore, de relier toutes les fins de semaine Paris à Venise, une année entière, plus prosaïquement pour gagner ma vie.

J'étais alors conducteur des wagons-lits – on ne disait pas « contrôleur », ça devait être plus chic et l'on montrait ainsi son appartenance à la communauté des wagons sur le destin desquels on était chargé de veiller. J'en garde le souvenir d'une période enchantée. Je n'étais pourtant pas du bon côté, celui des voyageurs dolents, mais comme eux j'aimais ces boiseries de l'Orient-Express, ces fantômes de madones des sleepings qui s'y faufilaient encore, ces mets raffinés qui me passaient sous le nez... Les clients – qu'on n'appelait pas encore les usagers – aimaient à s'habiller pour le dîner, leurs épouses ou amantes adoraient séduire, même le petit personnel, et le champagne pardonnait aux bogies de le faire pétiller plus que de raison. Il y avait beaucoup de bonheur dans les couloirs et davantage encore dans les compartiments... Je puis en témoigner : nous ne dormions, quand nous le pouvions, que sur des bat-flanc, sortes de civières inconfortables qui se déployaient le long des couloirs, juste en face des tableaux lumineux qui permettaient aux jolies dames de nous sonner la nuit pour un rafraîchissement, et plus, si affinités...

Encouragé par cet apéritif, je me mis à parcourir le monde en train, reprenant à mon compte une très belle réflexion que notre maître à tous, Albert Londres, consigna en 1922 dans *La Chine en Folie* : « S'il voyageait, c'était comme d'autres fument l'opium ou prisent la coco. C'était son vice. Il était l'intoxiqué des sleepings et des paquebots. Et après des années de courses inutiles à travers le monde, il pouvait affirmer que, ni le regard d'une femme intelligente, et malgré cela, proprement faite, ni l'attrait d'un coffre-fort, n'avaient pour lui le charme diabolique d'un simple

et rectangulaire petit billet de chemin de fer. »
Soyons honnêtes : j'ai déjà croisé quelques regards de femmes intelligentes et proprement faites qui, en eux-mêmes, étaient déjà des invitations au voyage, même si les rails n'étaient pas toujours parallèles ni la voie toute droite. Mais ne chipotons pas. Arrêtons-nous sur ce joli petit billet qui, quatre-vingt-cinq ans plus tard, est toujours rectangulaire… Je l'ai emprunté pour parcourir toutes les lignes dont il va être question dans cet ouvrage.
À commencer évidemment, bien après mes premiers émois ferroviaires, par le mythique Orient-Express, en client cette fois. Il lui arrive, par une variante, de s'appeler parfois Simplon-Orient-Express mais, dans les deux cas, la magie opère. Que l'on parte de Londres ou de Paris, on s'engage à chaque fois vers l'« Orient compliqué » cher au général de Gaulle. Et pour ce faire, on traverse des contrées qui avaient pour nom « empires » il n'y a pas si longtemps. L'Empire austro-hongrois a marqué à jamais l'esprit de cette ligne qui reliait la vieille Europe à l'Empire ottoman. La destination finale était Constantinople, Byzance naguère puis Istanbul plus tard. Je me suis quant à moi contenté de m'arrêter à Belgrade, au cœur de ce que l'on appelait alors la Grande Serbie et qu'on ne relie presque plus jamais en train. À l'époque, quand Papa partait en voyage d'affaires, pour reprendre le titre de la première Palme d'or du génial Kusturica, c'était en voiture ou dans un compartiment de chemin de fer. Aujourd'hui, il prendrait l'avion…
Dommage. Passe encore pour un voyage d'affaires mais pour une découverte, c'est en train qu'il faut se déplacer.
Il me semble, lors de mes pérégrinations dans ce qu'on appelait encore la Yougoslavie, avoir beaucoup appris, grâce au train, sur cette mosaïque de républiques qui la composaient alors : Slovénie, Croatie, Serbie, Bosnie-Herzégovine, Kosovo, Macédoine, Monténégro… À chaque gare son style, à chaque arrêt, une coutume, un parler différent. Et, grâce à la conversation, d'utiles enseignements sur les usages locaux, les goûts du moment, les antagonismes de chacun. Il me semble ce jour-là avoir pu deviner, pressentir quelques-uns des soubresauts qui plus tard déchirèrent la Yougoslavie.
Il est heureusement des voyages plus paisibles. Et notamment tous ceux que j'ai pu effectuer dans les entrailles des provinces françaises.
Aujourd'hui encore, sur l'ensemble du territoire, il existe toujours quatre-vingts lignes « à l'ancienne »

qui parcourent le pays sur sept cents kilomètres. La plupart d'entre elles n'excèdent pas les dix mille mètres mais l'addition de tous leurs voyageurs dépasse les trois millions (soit autant que de visiteurs annuels à Versailles...) !
Il existe même des stages pour apprendre à conduire ces vieilles locomotives à vapeur (en Touraine ou dans le Vivarais).
Autre ligne cent pour cent tricolore : celle du mythique Train bleu qui depuis si longtemps relie Paris à Nice et même à Vintimille, première ville après la frontière italienne. Il y a encore des passagers pour résister aux attraits chronométriques de la navette d'Air France et qui préfèrent un bon voyage en train, surtout la nuit. Il leur permet d'éviter les fouilles humiliantes, les regards soupçonneux des employés des sociétés de sécurité, pas toujours aimables (après les vestes, les chaussures et les ceintures, on se demande bien ce qu'on va vous obliger à ôter à la prochaine étape), les ruptures de charge entre deux contrôles, les aléas de la météo et les retards incessants... Il leur permet aussi de goûter aux charmes des bonnes vieilles couchettes de la Compagnie des Wagons-Lits et à la musique assoupissante des bogies (quand ils sont en forme, comme les joueurs de boogie !)

Il existe un autre Train bleu, beaucoup plus méridional que celui-ci et situé dans un autre hémisphère : en Afrique du Sud. On l'appelle là-bas Die Bloutrein ou Blue Train.
La ligne qui relie Le Cap à Johannesburg est devenue très moderne et ce train bénéficie désormais des meilleurs aménagements du confort dernier cri : on peut même y trouver des baignoires ! Il faut dire que le Blue Train est très fréquenté, et souvent bien fréquenté. Deux fois par an, les sessions du Parlement se déplacent de Pretoria, la capitale (juste à côté de Johannesburg), au Cap, à quelque mille six cents kilomètres de là. Imaginez donc tous ces députés, mais aussi les milliers de fonctionnaires afférents qui migrent avec femmes, enfants, chiens, valises et tutti quanti, d'une métropole à l'autre.
J'ai emprunté là-bas un autre train mythique, le Rovos Train, qui relie plusieurs fois par semaine Le Cap (tout près du cap de Bonne-Espérance) à Pretoria. Il lui arrive parfois de modifier son itinéraire pour sortir des frontières sud africaines et aller par exemple musarder du côté des chutes somptueuses de Victoria, au Zimbabwe. Les cabines y sont très spacieuses, les repas de qualité et le service impeccable. Ce train-là n'est pas utilitaire mais touristique. Il s'arrête deux fois, à commencer par une gare

17

18

improbable : aujourd'hui désertée, elle fait beaucoup penser à un petit village des premiers temps de la conquête du Far West. N'y subsistent qu'un minuscule musée de l'automobile – où quelques véhicules des années 1950 donnent le sentiment que le temps s'est arrêté – et un hôtel-saloon qui nous rappelle, rocking chairs compris, les bons vieux westerns.

Deuxième arrêt : une ville fantôme, Kimberley, où plutôt une mine fantôme. C'est là que pendant des siècles on a creusé pour sortir de la terre tous les diamants qu'elle pouvait offrir à l'homme. On a d'ailleurs trouvé là le plus beau de l'histoire, qui a longtemps appartenu à la reine d'Angleterre. Aujourd'hui ce qui fut la plus grande exploitation de diamants à ciel ouvert du monde entier se résume à une gigantesque excavation et, au fond, une eau bleue comme le ciel.

En remontant davantage les rivages africains, on tombe, un peu plus à l'Est, sur un bijou unique : le train Nairobi-Mombasa. Lui aussi est reconstitué mais toutes les voitures sont authentiques, d'une belle couleur ivoire. Certaines d'entre elles ont plus d'un siècle, à commencer par le wagon-restaurant où s'affaire une brigade d'habiles serveurs. Le reste du temps s'écoule harmonieusement pour permettre à chacun d'imaginer les lions qui rôdent dans le parc national de Tsavo mais qu'on ne voit jamais. Les ingénieurs qui ont construit la ligne n'en diront pas autant. Quelques-uns ont été dévorés par un roi Lion qui faisait peur à tout le monde – il s'était même une nuit introduit dans un compartiment à l'arrêt ! – et qu'on a fini par tuer. Lorsqu'on a voulu le réduire en descente de lit on s'est aperçu que sa peau avait été plusieurs fois brûlée ou transpercée de part en part à la suite de multiples assauts au fusil ou à l'arc. Il n'est pas étonnant qu'après cela la ligne kenyane ait pris le surnom de *Lunatic Line* (la ligne folle).

La vie à bord du Nairobi-Mombasa n'est comparable qu'à celle du train des Maharajahs, qu'on appelle aussi « Palace on wheels » (palais sur roues). Les voitures ont été construites à peu près à la même époque et les serveurs y sont très affables (comme ceux de Nairobi qui, souvent, sont d'origine indienne). Ce train-là est pourtant des plus artificiels, il ne dessert aucune ligne connue des annuaires internationaux et son itinéraire est bien erratique : Delhi, Jaipur, Udaipur, Jaisalmer, Agra, une série d'étapes très touristiques mais d'une grande beauté. Pour permettre aux voyageurs de les visiter, le train roule donc la nuit, avec de longs arrêts dans des gares surpeuplées où des vaches sacrées viennent lécher les vitres des compartiments. Compartiments très spacieux au demeurant (trois ou quatre par voiture, plus un espace douche et un bar fumoir bien sympathique en fin de rame, à ciel ouvert). Comme les voitures ne sont pas reliées les unes aux autres par des soufflets, il faut attendre un arrêt en pleine nature pour pouvoir descendre et aller se nourrir dans l'un des deux wagons-restaurants.

S'alimenter est une chose, boire en est une autre. L'un des meilleurs thés du monde se savoure, comme il se doit, dans le train de Darjeeling, lui aussi indien. Des plantations de thé, j'en ai par ailleurs admiré par centaines en paressant à l'île de Java dans un tortillard de rêve qui relie Djakarta à Bandoeng, mais aussi dans le train – l'un des plus récents de tous – que les ferrophiles ont surnommé Eastern and Oriental Express. Il n'a que treize ans d'âge et pourtant il a déjà toute une légende derrière lui. De Singapour à Bangkok, via Kuala Lumpur, il traverse trois pays, à son rythme, celui de la jungle. Trois jours d'éblouissement et deux arrêts : sur l'île de Penang et bien sûr, sur le pont de la rivière Kwaï. Il n'y a pas de raison de s'inquiéter, il tient bon !

Il est d'autres lignes à la dénomination aussi exotique. Découvrir leur existence est déjà en soi une invitation à l'évasion : Transsibérien, Transaméricain, Transcanadien, mais aussi train des Andes, le plus lent de tous. Les pentes qu'il doit gravir sont à ce point ardues qu'il doit s'y reprendre à plusieurs fois – un coup en avant, un coup en arrière – pour grimper la montagne en ciseaux.

La récompense, quand on part de Lima pour se diriger vers Huancayo, c'est que l'on atteint le col le plus haut du monde pour un train, le col de la Galera, qui se situe à l'exacte altitude du mont Blanc ! Comme le convoi le franchit à vitesse d'escargot – sans s'arrêter dans la gare désaffectée – il est alors tout à fait possible de sauter en marche en prenant garde à la réception. Non en raison de la vitesse, bien sûr, mais à cause de l'altitude qui joue des tours là-haut. Un infirmier muni d'une bonbonne à oxygène se déplace d'ailleurs de compartiment en compartiment pour prodiguer les premiers soins à défaut de conseils préventifs. Les Péruviens eux, se prémunissent du « sorroche » – le mal des montagnes – en mâchonnant moult bâtonnets de coca. Une autre ligne permet d'aller jusqu'au Machu Picchu et de croiser sur ses pentes les petits enfants qui s'amusent à courir plus vite que le train en coupant à travers bois et en saluant les passagers médusés à chaque tournant. À l'arrivée, le voyageur est prié d'être généreux.

Après le train le plus haut du monde, voici le train le plus septentrional : le Winnipeg-Churchill qui vous dépose l'hiver au bord de la baie d'Hudson, gelée, et à ce point glaciale que les ours viennent se réfugier dans la ville en allant chaparder dans ses poubelles !

Le Transcanadien lui aussi se barde contre le froid, la neige et les frimas. À l'aube ou au crépuscule, il a des allures de brise-glace. De Québec à Vancouver, en passant par Montréal, Toronto et Banff, il rallie l'Atlantique au Pacifique à travers l'un des trois pays les plus étendus au monde.

Un peu plus bas sur la carte de l'Amérique du Nord, voici le Transamericain qui traverse les États-Unis en trois jours à peine. Il part de l'immense gare centrale de New York, où tant de films ont été tournés, passe par Chicago, Denver, Salt Lake City, et termine sa course à San Francisco, au pied du fameux tramway. C'est pourquoi on l'appelle aujourd'hui California Zephyr. Nombre des passagers qui l'empruntent se jugent trop volumineux pour voyager confortablement en avion, au pays où le transport aérien est roi. Mais c'est aussi un train à recommander aux touristes car l'une des voitures centrales est munie d'une bulle de plexiglas qui la transforme en observatoire idéal, avec vue panoramique sur 360 degrés… c'est ainsi qu'il faut traverser les Montagnes Rocheuses ou arriver dans la gare de Las Vegas, déjà truffée de machines à sous.

J'ai gardé la ligne la plus mythique pour la fin : le Transsibérien. La plus mythique et pas forcément la meilleure car l'ennui peut y être très pesant : huit jours et sept nuits ! Mais Blaise Cendrars nous l'a fait prendre si souvent grâce à sa *Prose du Transsibérien et de la petite Jehanne de France* qu'on a presque l'impression de l'avoir déjà empruntée avant même d'y avoir posé le pied.

« J'étais très heureux insouciant
Je croyais jouer aux brigands
Nous avions volé le trésor de Golconde
Et nous allions grâce au Transsibérien, le cacher de l'autre
[côté du monde
Je devais le défendre contre les voleurs de l'Oural
qui avaient attaqué les saltimbanques de Jules Verne
Contre les Khoungouzes, les boxers de la Chine
Et les enragés petits Mongols du Grand-Lama. »

22

Sans doute Blaise Cendrars ne l'a-t-il jamais emprunté lui-même. Mais peu importe ! Son poème en prose, pourtant fort long, a pour qualité d'être moins interminable que le Transsibérien et, à coup sûr, plus romantique. Que de bouleaux, que de taïgas, que de steppes, que de déserts tout au long de cette ligne Moscou-Pacifique... Il faut faire provision de livres et de rêves pour la parcourir d'une traite. Pas de questions majeures à se poser : filer vers l'Est, toujours et encore, et boire du thé en quantité grâce au samovar généreusement offert à tous. Un seul dilemme, une fois parvenu à Irkoutsk (soit cinq jours après le départ de Moscou) : choisir la route du Nord ou sa sœur du Sud. Dans le premier cas on se retrouve sur le Transmandchourien et l'on parvient à Vladivostok, ville longtemps interdite aux étrangers. Dans le second, on est dans le Transmongolien et l'on a le droit à un bout du désert de Gobi pour finir sa course à Pékin.
Les deux destinations ont leur charme. Elles ont d'abord le mérite de mettre un terme au voyage, mais aussi celui de laisser tant de regrets quand on les quitte pour repartir en Occident par avion. Vive le train !

8 | Voiture-salon d'un train américain, vers 1900.
11 | Table dressée dans l'une des voitures-restaurants du Pullman Orient Express. Dans les années 1980, ce train de luxe a remis sur les rails une partie du patrimoine (classé monument historique) de la Compagnie des Wagons-Lits.
12 | Tunnel du Saint-Gothard, années 1880. Inauguré en 1882, ce tunnel relie la Belgique, la Suisse, la Hollande et le nord de la France au nord de l'Italie.
17 | Simplon-Orient-Express, frontière bulgaro-turque, été 1950.
18 | Sur la ligne Nairobi-Mombasa, Kenya.
22 | Grooms des hôtels berlinois attendant un illustre voyageur, gare de Berlin, 1900.

779
पू. सी.
पूसी NF

1881

Le Toy Train de Darjeeling

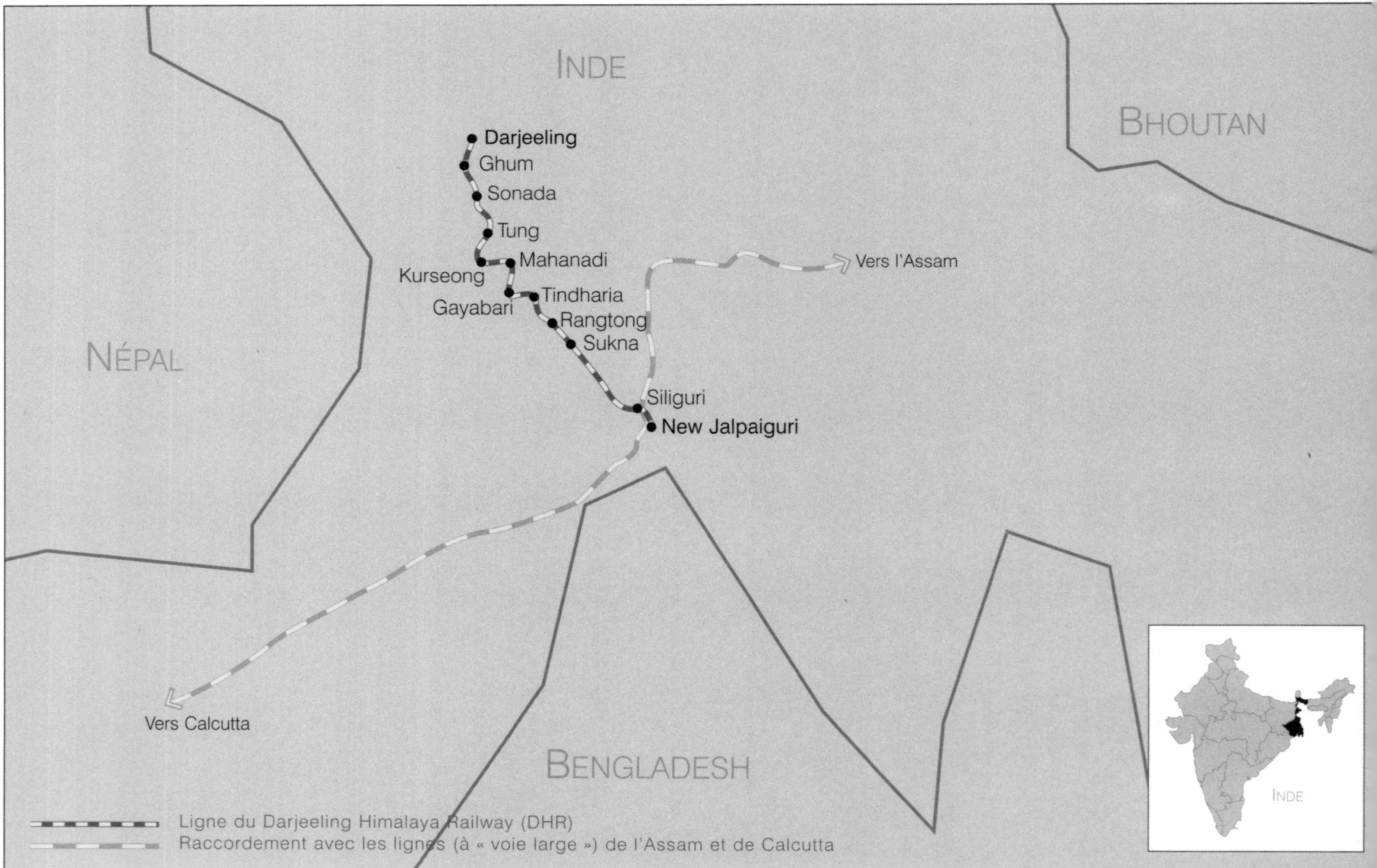
INDE
BHOUTAN
NÉPAL
BENGLADESH
Darjeeling
Ghum
Sonada
Tung
Mahanadi
Kurseong
Gayabari
Tindharia
Rangtong
Sukna
Siliguri
New Jalpaiguri
Vers l'Assam
Vers Calcutta
Ligne du Darjeeling Himalaya Railway (DHR)
Raccordement avec les lignes (à « voie large ») de l'Assam et de Calcutta
INDE

Dès le mois de mars, avant que la chaleur des plaines ne devienne suffocante, les colons anglais de l'Inde rejoignaient le moyen Himalaya. Et durant tout l'été, ils attendaient là-haut que le monde rafraîchisse. Ainsi, plus de 80 petites cités de villégiature, perchées à 2 000 m ou davantage, s'animaient tout à coup, vivant à l'heure anglaise pendant près de six mois. C'était le cas de Mussoorie, Almora, Nainital, Ooty ; de Simla, où le vice-roi des Indes s'installait tant que durait la canicule. Ou encore de Darjeeling qu'un capitaine britannique avait repéré en 1828 et dont il avait mesuré les avantages : vue imprenable sur la chaîne de l'Himalaya, air vivifiant, campagne fleurie de rhododendrons, arrosée de pluie fine… presque anglaise !

Donc, chaque été et par trains entiers, les chemins de fer déposaient au pied des montagnes une population de fonctionnaires britanniques. Puis on continuait par la route, en carrioles, avec force coolies et chevaux de bât pour acheminer jusqu'aux stations d'altitude les dames, les enfants, les domestiques, les cantines et les malles remplies de tout l'indispensable : porcelaine de Wedgwood, argenterie, équipement de polo, nécessaires à pique-nique, robes de bal, etc.

L'inconfort de ces ascensions suggère très vite la création de voies ferrées montagnardes. À Darjeeling, c'est Franklin Prestage – directeur de l'Eastern Bengal State Railway – qui en a le premier l'idée. Le contexte est favorable avec le développement des jardins de thé des environs de Darjeeling et avec la ligne de chemin de fer qui, depuis 1870, relie Calcutta à la ville de Siliguri (d'où l'on prend la route pour gravir la colline).

Prestage se met au travail en 1878. L'entreprise n'est pas simple. Impossible, par exemple, d'envisager dans ces escarpements autre chose qu'une voie étroite : 61 cm d'un rail à l'autre, pas plus. Toutefois l'expérience a déjà été tentée dans les années 1860 avec le chemin de fer de Ffestiniog, au pays de Galles, qui dessert des mines d'ardoise dans une région très accidentée. Les résultats sont encourageants puisque, malgré sa voie étroite, le petit train de Ffestiniog est si sûr que finalement il obtient en 1863 l'autorisation de transporter des voyageurs. Mais à Darjeeling, le trajet est plus long et la montée plus rude. Prestage et son équipe buttent sur les premiers obstacles. Le chantier n'avance pas. Or il court encore à Darjeeling une petite histoire selon laquelle l'épouse de Prestage aurait elle-même suggéré une solution, durant l'hiver 1878.

L'avenir de la ligne se serait joué un soir de bal, au club des planteurs de Tindharia, sur la colline, en aval de Darjeeling. Bon feu dans la cheminée, bonne compagnie, bon orchestre... mais Prestage est perdu dans ses pensées : comment venir à bout de cette pente infranchissable ? C'est alors que Mrs Prestage l'aurait entraîné gentiment au bord de la piste de danse pour – le faisant brusquement pivoter – le conduire à reculons au milieu des danseurs en lui murmurant à l'oreille « si vous ne pouvez pas avancer, Darling, reculez ! ». C'est exactement ce qu'il fallait faire et c'est la marque de fabrique du chemin de fer de Darjeeling. Pas de cables, pas de crémaillère. À chaque fois que l'obstacle est trop rude, tout simplement la voie l'évite, recule, pivote. On obtient un tracé étonnant, ponctué de zigzags, de rebroussements, de boucles et spirales : ce n'est plus de la technologie, c'est de la persuasion, ou alors de la chorégraphie. Du coup, dès 1880, huit locomotives à vapeur arrivent de Manchester ; en mars, Lord Lytton – vice-roi des Indes – visite la nouvelle ligne qui, en août, est ouverte au public entre Siliguri et Kurseong. L'année suivante, le 3 juillet, c'est l'inauguration du parcours définitif : 85 km de rails et une ascension que négocient vaillamment les petites locomotives, partant de 120 m d'altitude en gare de Siliguri pour monter jusqu'à 2 258 m à Ghum (point culminant) avant de descendre vers la gare terminale de Darjeeling, à 2 075 m.

Ce train miniature qui, sifflant et soufflant, grimpe à l'assaut de l'Himalaya, accomplissant en chemin toutes sortes de figures et d'amusants loopings, est familièrement surnommé Toy Train, le Train Jouet. Bien plus sérieux qu'il n'y paraît pourtant et même indispensable, c'est lui qui – pendant des décennies – stimule les industries locales comme le thé ; lui qui, depuis la vallée, achemine le riz, les légumes frais et tout ce dont on manque là-haut. Lui aussi qui crée le lien entre ces communautés qu'isolent les nuées. Évidemment la concurrence de la route, que le petit train longe et croise 150 fois sur son parcours, annonce le déclin. De 30 locomotives, dans les années 1930, assurant chaque jour une dizaine d'allers et retours, on est passé aujourd'hui à une douzaine de machines pour deux va-et-vient quotidiens. Mais à 15 km à l'heure et dans une nature magnifique, le voyage à bord du Toy Train demeure ce qu'il était déjà du temps de Mark Twain : l'une « des plus belles journées que l'on puisse passer sur terre ». Neuf heures d'une traversée éblouissante qui commence dans la plaine, jusqu'à Rangtong où la forêt déploie ses pins et ses bambous géants. À Chunbhati, on prend un peu de hauteur en expérimentant le passage de la boucle n° 1. Un arrêt à Tindharia, le temps d'une bonne tasse de thé, puis c'est la boucle d'Agony Point et, plus loin, la gare de Gayabari où une délégation de singes attend l'arrivée du train et des éventuelles friandises. C'est alors une suite de précipices, de cascades, avec Pagla Jhora – le torrent fou – qui pendant la mousson emporte parfois tout sur son passage, route et rails confondus. Après Eagles Crag, on surplombe les plaines du Bengale occidental, et une fois passé Kurseong, ce sont les jardins de thé, tout le long. La locomotive « fait de l'eau » à Tung, juste avant de grimper à Sonada, puis à Ghum, éternellement dans les nuages. On est au plus haut de ce périple et c'est le moment d'admirer le troisième sommet du monde, le Kanchenjunga. Après cette montée vertigineuse, la locomotive se ravitaille encore en eau et bascule enfin vers son terminus : Darjeeling. Ce train jouet au vertigineux parcours a été classé au patrimoine mondial de l'humanité en 1999, honneur que l'Unesco avait réservé jusque-là au seul chemin de fer de Semmering, en Autriche.

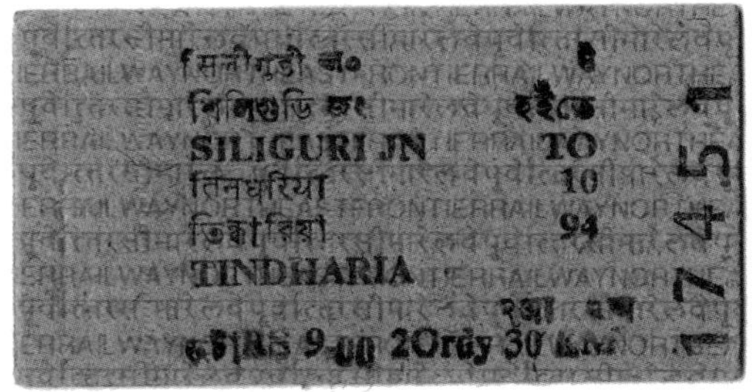

Ticket du Darjeeling Himalayan Railway, trajet Siliguri-Tindharia.

24 I Locomotive B 779 passant la Batasia loop, 24 janvier 1994. La Batasia loop est – dans le sens Siliguri-Darjeeling – la boucle n° 3. On est ici très près de Ghum, la gare la plus haute de l'Inde (2 258 m) avec, en arrière-plan, un point de vue superbe sur le Kanchenjunga. La locomotive représentée est l'une des plus anciennes du Darjeeeling Himalayan Railway, construite à Manchester par Sharp Stewart en 1892.

30

Au jour naissant, à l'horizon, des silhouettes de montagnes se devinent sous un léger brouillard ; ce sont les premiers contreforts de l'Himalaya ; la plaine est absolument unie jusqu'à leur pied. Le train s'arrête à la station de Siliguri, et nous sommes invités à transborder sur un petit chemin de fer à voie étroite, pas très confortable, peu rassurant, mais conçu, paraît-il dans des conditions permettant de franchir délibérément les rampes et les courbes inusitées qui vont, en neuf heures, nous élever à 7 200 pieds, à Darjeeling.

ÉMILE DELMAS, 1898

Rebroussement ou zigzag sur le chemin de fer de Darjeeling, vers 1895.

37 I Locomotive 806 au dépôt de Darjeeling, février 2005. Cette locomotive, construite en 1925 par la North British Company, était à l'origine destinée à la compagnie de tramway Raipur Forest, dans l'État du Madhya Pradesh. La 806 rejoignit finalement le Darjeeling Himalayan Railway en août 1943.

38 I Train passant au milieu des plantations de thé, à mi-chemin entre Siliguri et la gare de Sukna. Cette photographie a été prise depuis le toit d'un bus local : la voie de chemin de fer suit la route sur plusieurs kilomètres.

39 I Enfants ramassant sur la voie, parmi les cendres chaudes échappées de la locomotive, les morceaux de charbon encore intacts, gare de Sukna, février 2005. C'était autrefois une scène familière, partout en Inde. On ne l'observe plus, maintenant, que sur la ligne du Darjeeling Himalayan Railway.

40-41 I Depuis la création de la ligne et jusqu'en 2000, le service du Darjeeling Himalayan Railway a toujours été assuré par des locomotives à vapeur. On tenta en 1942 d'introduire dans le trafic une locomotive Walford à moteur diesel. Les essais ne furent pas concluants : la locomotive à vapeur restait le plus sûr moyen de gravir la montagne. En 2000, on finit tout de même par incorporer deux locomotives diesel, mais pour un service restreint. Enfin, depuis 2005, la compagnie exploite des locomotives à vapeur chauffées au mazout.

La ligne suit la route des voitures et traverse d'abord, sur une longueur de douze milles, la région malsaine des plaines du Téraï ; puis elle s'élève sur une montée qui devient de plus en plus ardue, au milieu d'un charmant paysage de bois et de forêts où l'on découvre de superbes échappées sur le lointain. Le petit train serpente là au travers d'arbres magnifiques, échelonnés sur des pentes que recouvre une végétation luxuriante.

HUGUES KRAFFT, 1885

42 I Juste après la gare de Sukna, là où s'amorce la montée, un train-charter traverse la jungle où rôdent encore des éléphants sauvages. Ce train est spécialement affrété à la journée, pour les touristes qu'il emmène jusqu'à la boucle d'Agony Point. Là, tout le monde descend pour ce qui constitue le but véritable de ce petit périple : un pique-nique à l'intérieur de la fameuse boucle. Puis on rentre sur Siliguri.

43 I Pour le voyageur, l'un des aspects les plus fascinants de la ligne est la façon dont le train pénètre dans les villages, jusqu'en plein cœur des rues commerçantes, frôlant les étals et les façades que l'on pourrait toucher rien qu'en tendant le bras.

44 I Chunbhati loop, à la fin du XIXe siècle. À cette époque, sur la montée Siliguri-Darjeeling, la Chunbhati loop était la troisième boucle que le train devait emprunter. Depuis, les deux premières boucles ont été balayées par les moussons. De sorte qu'aujourd'hui la Chunbhati loop est, à l'aller, la boucle n°1.

45 I Colline dite du « Duke's nose » (le « nez du duc »), sur l'itinéraire du Toy train, fin XIXe siècle.

46 I Agony Point, vers 1890. Située juste après la gare de Tindharia, Agony Point est, de toute la ligne, la boucle la plus serrée. Un peu difficile à négocier pour les passagers à l'estomac fragile… d'où son nom, paraît-il.

En ce moment, voici ce que j'ai devant moi : au premier plan, sur la ligne de faîte que nous venons d'atteindre, semant de points blancs le fond noir des forêts, les petites villas de Darjeeling, dernière limite du monde civilisé, au bord de l'abîme où commence l'Asie sauvage, le grand pays inconnu que peuplent les hommes jaunes. Puis le vide ténébreux, l'immense cirque plein de nuit où roulent des lambeaux informes de nuées. Cinq rayons grêles et brumeux le traversent, dardés d'une masse éblouissante amoncelée derrière nous sur l'épaule noire de la montagne. Aucune mer, aucun désert ne peut donner la sensation vertigineuse de l'espace comme ces cinq lignes rigides lancées à travers cette vallée, large de quinze lieues, fermée là-bas par un mur de huit mille mètres.

André Chevrillon, 1891

47 I Couverture d'un guide touristique figurant la très spectaculaire boucle d'Agony Point, vers 1917.
48 I Panorama avec, au loin, la perspective des montagnes himalayennes, région de Darjeeling, photochrome, années 1890.

49 I Entrée de la ville de Kurseong où l'on voit, au sol, les rails du chemin de fer, 4 novembre 1910, photo de Lafarelle, vérascope. C'est à partir de Kurseong, pittoresque amas de bicoques accrochées à flanc de montagne, que l'on commence à apercevoir au loin la masse neigeuse du Kanchenjunga.

50 I Environs de Darjeeling, photochrome, vers 1895. Après la chaleur des plaines, les Anglais s'enchantaient de ces horizons neigeux, de cet air vif qu'embaument les pins, du rafraîchissant paysage des jardins de thé. Avec même, parfois, quand les nuages se posent sur les collines, un petit crachin délicieux, presque londonien.

51 I Gare de Ghum, février 2005. On quitte Siliguri par une chaude journée et l'on arrive à Ghum, la tête dans les nuages. Au point culminant de la ligne, les brouillards sont fréquents. Et la pluie n'est pas rare non plus, surtout de mi-juin à mi-septembre.

À Siliguri, changement de voiture. Les premières pentes ne sont qu'à vingt milles d'ici, et l'approche d'un nouveau monde est déjà sensible. À côté des Bengalais menus, voici des montagnards mongols trapus et courts, la face carrée, le teint jaune, les yeux obliques, bottés de feutre, un poignard à trois lames passé dans la ceinture, et leurs manteaux de laine sombre tranchent sur les robes claires des Hindous féminins. C'est ici la frontière de deux races, la limite de deux continents humains, car les Tatares, qui commencent au pied de l'Himalaya, couvrent l'Asie centrale, la Chine, s'étendent jusqu'aux glaces arctiques. Quelle étonnante variété humaine dans cette station perdue au pied de la montagne ! Une douzaine de planteurs et officiers anglais, deux ou trois touristes allemands et suédois, puis une foule d'Hindous, de Lepchas, de Bhoutanais. Les jaquettes européennes, les jupes blanches des Bengalais, les robes rouges des femmes lepchas, qui, par les traits, les bijoux, les costumes, sont presque sibériennes, les houppelandes thibétaines, tout cela s'entasse dans des voitures ouvertes qui ressemblent à des traîneaux. La petite locomotive siffle, et nous courons vers la muraille bleue qui termine la plaine.

André Chevrillon, 1891

Arrêt en gare de Sonada, vers 1935.

Darjeeling est un des rares endroits en Inde d'où l'on peut apercevoir (l'Everest), à tel point que le prince des sommets himalayens (8 888 mètres) a été embauché pour participer à une entreprise touristique très réussie : le lever de soleil sur Tiger Hill. Tiger Hill est une colline à quelques kilomètres de Darjeeling : pour assister au lever du soleil il faut arriver au sommet à cinq heures du matin, ce qui signifie partir à quatre heures car il y a bien une demi-heure de trajet en voiture et une demi-heure de grimpette à pic (les paresseux la font à dos d'âne, les courageux – dont je suis, évidemment – à pied, emmitouflés dans une couverture car il fait, à cette heure et à cette altitude un vrai froid de montagne).
Une fois en haut, tout le monde bat la semelle et souffle dans ses doigts pour se réchauffer en attendant qu'« il » apparaisse. Il faut bien dire que cela vaut la peine d'attendre.
Le spectacle des pics neigeux qui rosissent peu à peu, prennent des teintes mauves, orange, rouge vif, avant de s'embraser d'un seul coup au moment précis où la boule écarlate perce l'horizon, est tout à fait extraordinaire. Mais je tiens à rendre à chacun son dû : l'Everest, bien sûr, jouit d'une réputation de légende et de mystère toujours vivace malgré sa double conquête par l'Angleterre et par la Suisse. Mais le roi de l'Himalaya, à mon humble avis [...], c'est le Kanchenjunga. L'Everest, hautain et distant, ne laisse jamais apercevoir qu'une pointe minuscule enfouie dans les nuages [...] Le Kanchenjunga, lui, s'épanouit dans toute sa splendeur aux yeux éblouis des simples mortels. On ne se lasse pas, à Darjeeling, de le regarder.

CLAUDINE CANETTI, 1961

N F
806

GREEN HILLS
N F
780
पूसीNF

26

46

The DARJEELING

MOUNTAIN RAILWAY

50

EAGLE STAR
INSURANCE CO. LTD.
1. THREADNEEDLE STREET. E.C. 2.
The Daily Telegraph
Newsweek
SMITH & SON
GENTLEMENS LAVATORIES & HAIRDRESSING SALOON
13
THE CONTINENT

1883

L'Orient-Express

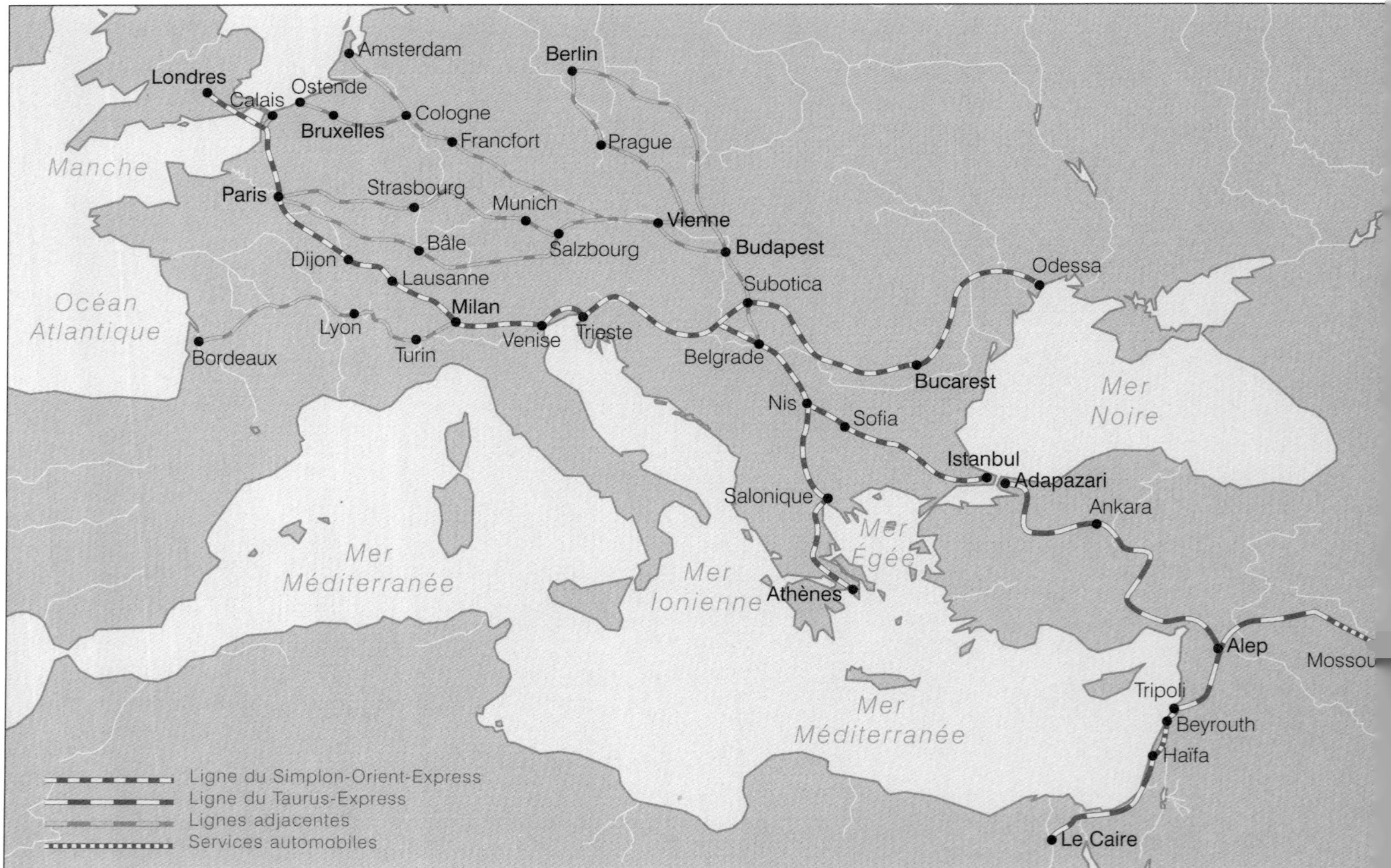

Amsterdam
Berlin
Londres
Calais
Ostende
Cologne
Bruxelles
Francfort
Prague
Manche
Paris
Strasbourg
Munich
Vienne
Bâle
Salzbourg
Budapest
Dijon
Lausanne
Subotica
Odessa
Océan
Atlantique
Milan
Lyon
Trieste
Venise
Turin
Bordeaux
Belgrade
Bucarest
Mer
Noire
Nis
Sofia
Istanbul
Adapazari
Salonique
Ankara
Mer
Égée
Mer
Méditerranée
Mer
Ionienne
Athènes
Alep
Mossou
Tripoli
Beyrouth
Mer
Méditerranée
Haïfa
Le Caire
Ligne du Simplon-Orient-Express
Ligne du Taurus-Express
Lignes adjacentes
Services automobiles

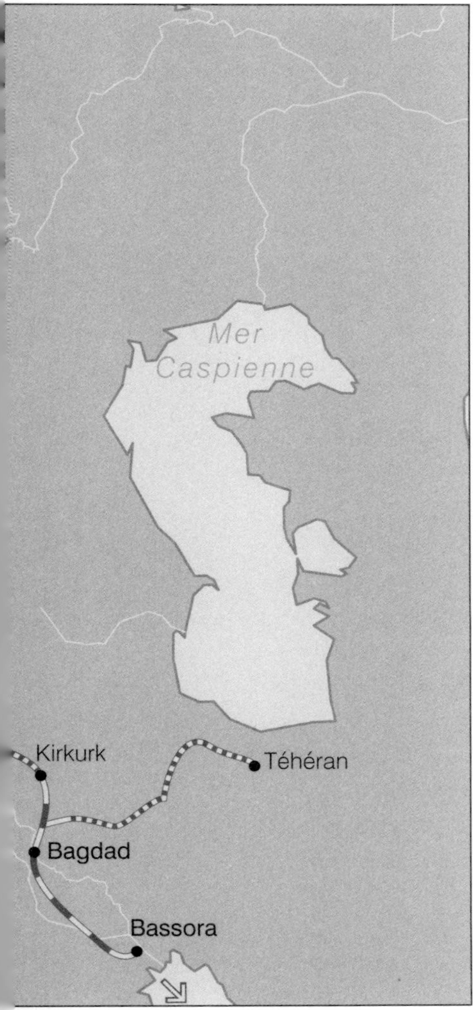

À l'origine des trains de luxe, il y a l'inconfort. Daumier caricature cette préhistoire du chemin de fer dans des dessins où l'on voit des passagers moroses, trimbalés plus que transportés sur de raides banquettes en bois, ballotés entre le monsieur qui fume et la dame qui déballe d'odorantes victuailles… Sans compter la suie, les escarbilles… Enfin, dans les années 1860, le train n'est pas tellement plus plaisant que la diligence. Et c'est pire encore aux États-Unis où les distances sont dix fois plus grandes qu'en Europe, où le voyage est interminable. L'Américain George Mortimer Pullman, qui se déplace beaucoup, n'en finit pas de maudire les chemins de fer. Des nuits entières dans les trains, brinquebalé, mal assis, sans chauffage et dans la lumière indécise des bougies !

Du coup, en 1863, il crée un petit atelier d'où sort une voiture de chemin de fer d'un type nouveau – la Pioneer : les voyageurs peuvent s'y étendre et dormir durant les trajets de nuit. On ne peut pas dire, à ce moment-là, que Pullman ait vraiment inventé le wagon-lit. Cornelius Vanderbilt, le roi des chemins de fer américains, l'avait fait avant lui en commandant des sleepings au fabricant Webster Wagner. À dire vrai, il s'agissait de voitures comme les autres, à ceci près qu'on y installait de vrais lits. Or c'est là où Pullman innove : il crée la voiture-lit à transformations. La nuit, des lits relevables sont tirés, les sièges basculent pour former des couchettes au niveau inférieur et, enfin, un rideau sépare les dormeurs, hommes ou femmes ; le tout de part et d'autre d'un couloir central. L'idée est ingénieuse et, de plus, très rentable, car l'on transporte ainsi autant de voyageurs couchés qu'assis. Ajoutons le petit coup de pouce publicitaire : l'épouse de Lincoln, qui avait entendu parler de ces voitures confortables et cossues, en demande une pour transporter – de Washington au Kentucky – le corps de son mari, assassiné en 1865. À l'aller, les Américains pleureront au passage de la dépouille présidentielle ; au retour, ils demanderont à visiter la formidable voiture. La carrière de Pullman est lancée.

Arrivent à New York, à peu près à la même époque, un jeune ingénieur belge accompagné de son mentor. Il ne voyage pas pour son plaisir mais sur ordre paternel, pour se guérir d'une histoire d'amour déraisonnable. Pendant dix mois, le jeune homme, Georges Nagelmackers, va expérimenter d'Est en Ouest les chemins de fer américains et les fameux sleepings de Pullman. Comparé à ce qui se fait alors en Europe, c'est stupéfiant de confort. Sauf, peut-être, cette histoire de couchettes qu'isole juste un rideau : cette intimité confiée aux hasards des courants d'air déplairaient à coup sûr aux prudes Européennes. Nagelmackers va justement réfléchir à tout cela. À son retour, il publie à compte d'auteur : *Projet d'installation de wagons-lits sur les chemins de fer du continent*. Ça ne se lit certainement pas comme un roman mais les idées sont épatantes, complètement neuves. Pullman avait inventé la voiture-dortoir. Nagelmackers invente le compartiment, fermé par une porte et donnant sur un couloir latéral : voilà pour la pudeur des dames. L'autre coup de génie est de fabriquer un matériel standard, capable de rouler partout. C'est révolutionnaire dans une Europe qui, à l'époque, est une mosaïque de particularismes ferroviaires. D'un pays à l'autre, tout change : le gabarit (la largeur des voitures), le système de freinage, la hauteur des voies, etc. Tous ces embarras, qui compliquent le trajet du voyageur et l'obligent à d'incessants transbordements, sont pétris de nationalisme, de protectionnisme. C'est dire que la voiture-lit de Nagelmackers – ce matériel roulant étranger qui pénétrerait sur tous les territoires ! – n'est pas accueillie sans méfiance.

Affiche de Choubrac pour la revue Orient-Express, jouée à Paris en 1896.

Ancien ÉLYSÉE MONTMARTRE
TRIANON Concert
80
Bard ROCHECHOUART
Ancien ÉLYSÉE MONTMARTRE
COMPAGNIE INTERNATIONALE DES WAGONS LITS
ORIENT EXPRESS
VOYAGE EN 2 TABLEAUX de Mr Oscar SACHS MUSIQUE de Mr Henri NEUZILLET
DÉPART tous les soirs à 10 heures 1/2

Toutefois, avec l'appui de son souverain, le roi des Belges Léopold II, Nagelmackers obtient un premier contrat sur le trajet Paris-Vienne. C'est une ligne importante, l'un des axes les plus fréquentés d'Europe. Suivent d'autres contrats, et toutes les compagnies s'engagent à accrocher au moins une des voitures de Nagelmackers à leurs convois. Le problème est que cela ne rapporte guère, tout juste le supplément payé par le voyageur et pas assez, en tout cas, pour enthousiasmer les investisseurs. Pour tout arranger, Pullman vient d'arriver en Europe et s'est déjà fait une place en Grande-Bretagne et en Italie.
Pourtant le succès vient, malgré tout, sous la pression des usagers : quand on a voyagé, au moins une fois, dans le confort d'un wagon-lit, on ne peut plus s'en passer. Même les réticences diplomatiques s'estompent.
Le 4 décembre 1876, Nagelmackers fonde à Bruxelles la Compagnie internationale des wagons-lits qui, cette même année, exploite un parc de 53 voitures. Il est temps de passer à la vitesse supérieure. Au confort de nuit, s'ajoute maintenant le confort de jour : une voiture-salon roule sur le Nice-Menton. En 1882, une première voiture-restaurant est inaugurée entre Marseille et Nice. Voilà exactement ce que les voyageurs demandent désormais : des trains directs, des voitures-lits, mais aussi des voitures-salons, des voitures-salles à manger, etc. Et pourquoi pas un train tout entier composé de ces luxueux wagons, où l'on vivrait comme dans un hôtel, tandis que filent les rails ? Pourquoi pas un train qui, pour la première fois, traverserait l'Europe entière, sans changements, sans frontières et qui roulerait jusqu'en Orient ? À présent Nagelmackers vend du confort en même temps que du rêve : c'est ainsi que naîtront le bel Orient-Express et tous les trains de luxe après lui.
L'Orient-Express est un projet difficile à mettre en place. Chaque passage de frontière doit être négocié avec chaque État et chaque compagnie ferroviaire concernés. Il faudra

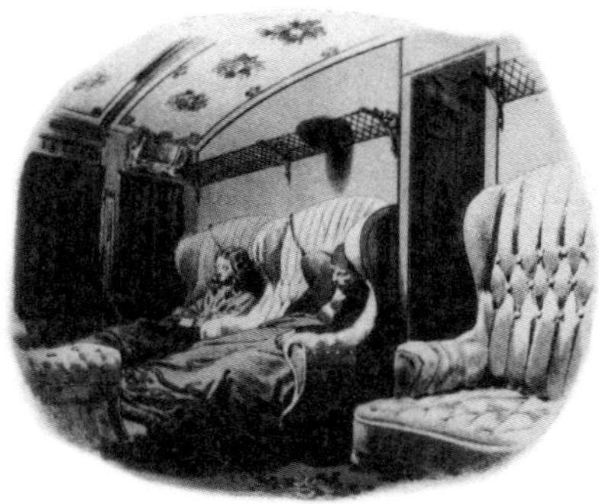

La nuit en coupé première classe, avant l'invention des wagons-lits.

des mois avant de trouver un accord commun. Mais le 4 octobre 1883, l'Orient-Express est prêt pour son voyage inaugural, de Paris à Constantinople. Ce n'est pas vraiment un express, il ne va pas vraiment jusqu'en Orient (la ligne ne sera directe qu'à partir de 1889) mais les personnalités conviées à faire le voyage reviennent éblouies. Parmi elles, rien que des hommes ; l'équipée paraît encore trop aventureuse pour des femmes, d'ailleurs ces messieurs ont été priés d'emporter leur pistolet…on ne sait jamais ! Voilà l'esprit « Orient-Express », celui qui aujourd'hui encore fait tant rêver : de l'acajou, des canapés de velours « bleu paon à ramages », des fauteuils tapissés d'or gaufré, le cristal des verres qui tinte, des soles meunières servies sur des plateaux d'argent, tandis que souffle la locomotive, et que hurlent les loups au-dehors. Et avec ça : des attentats (les Balkans ne sont pas sûrs) ; une épidémie de choléra (tous les voyageurs en quarantaine !) ; la neige sur la voie (en 1929, le train sera bloqué une semaine, sans secours, à 80 km de Constantinople) ; des princes et des intrigantes ; des ministres et des espions ; des crimes et des coups de foudre. Sans oublier ce fou dangereux, le roi Ferdinand de Bulgarie, qui – posté près de la voie – faisait arrêter le train, sautait dans la locomotive et, prenant les commandes, lançait la machine à toute vapeur, sourd aux exhortations du mécanicien. Puis tout à coup il stoppait net, histoire d'essayer les freins : au retour, le bureau de Nagelmackers était couvert de lettres de réclamation… mais le train était complet sur le voyage suivant.

Le succès et la politique aidant, l'Orient-Express se ramifie, son réseau s'étend, donnant naissance à une nombreuse famille. En 1906, avec l'ouverture du tunnel du Simplon, est créé le Simplon-Express, qui devient le Simplon-Orient-Express en 1919 : désormais on va en Turquie en passant par Venise, histoire de conjuguer le romantisme oriental à celui des voyages de noces. Nouvelle extension en 1924 : l'Arlberg-Orient-Express dessert les grandes stations suisses et autrichiennes, avec quelques voitures pour Budapest, Bucarest et Athènes. Enfin, en 1930, l'Orient-Express passe le Bosphore en engendrant le Taurus-Express. Le réseau est à son apogée ! On atteint Le Caire, Téhéran, Bagdad, Bassora … de l'autre côté, c'est Bombay, le rêve de Nagelmackers ne pouvait pas aller plus loin !

Le 20 mai 1977, en gare de Lyon, le Direct-Orient-Express – qui n'a plus grand chose à voir avec son ancêtre l'Orient-Express… sauf son authentique voiture-lit – quitte Paris pour Istanbul : ce sera son dernier voyage.

La soirée du jeudi 4 octobre fut […] pour moi comme une révélation ; elle m'ouvrit un monde que je n'avais pas entrevu même en songe. Par une malice du sort ou peut-être par une ingénieuse combinaison de M. Nagelmackers, le train où nous allions monter s'allongeait parallèlement à un vieux wagon-lit du modèle qui a fait son temps. D'un côté, la voiture-hôpital, la voiture-prison, la vieille voiture verte et poudreuse ; de l'autre, trois maisons roulantes, longues de dix-sept mètres et demi, construites en bois de teck et en cristal, chauffées à la vapeur, brillamment éclairées au gaz, largement aérées et aussi confortables pour le moins qu'un appartement parisien.

Edmond About, 1883

52 | Victoria Station, Londres, années 1940. C'est de cette gare que partent les Anglais pour rejoindre, sur le continent, les lignes de l'Orient-Express. Avec l'inauguration, en 1930, du Taurus-Express – qui prolonge la ligne vers l'Est, au-delà d'Istanbul, jusqu'à Bagdad et Bassora – les Anglo-Saxons n'ont plus qu'à s'embarquer sur le golfe Persique pour rejoindre Bombay et leur grand empire des Indes.

65 | Gare de l'Est, Paris, vers 1890. C'est de cette gare, que l'on appelait à l'époque « gare de Strasbourg », que l'Orient-Express fait offciellement son voyage inaugural, le 4 octobre 1883. Cet édifice, construit entre 1847 et 1852, est l'œuvre de l'architecte Léonce Reynaud. En vignette : étiquette à bagages de l'Orient-Express.

66 | Locomotive de l'Orient-Express, 1883.

67 | Laissez-passer d'un employé de la Compagnie des wagons-lits autorisé à voyager – sans supplément – à bord de l'Orient-Express, 1898.

68 | Menu du 17 avril 1884. Six mois après son inauguration, l'Orient-Express porte encore son nom officiel de « Train d'Orient ».

69 | Voiture-restaurant pourvue de plafonds décorés à l'italienne, typiques des années 1900-1905. La plus célèbre voiture-restaurant de l'Orient-Express, fabriquée en 1913, portait le n° 2419. Le 15 octobre 1918, sur demande du ministère de la Guerre, cette voiture est réaménagée en bureau et part rejoindre, non loin de la gare de Rethondes, le train

Jusqu'à présent, quand on avait une douzaine de jours de liberté et le goût des excursions, on partait pour la forêt de Fontainebleau, ou pour quelque port, pas trop éloigné de la Manche. Aujourd'hui, on va à Constantinople, comme je viens de le faire avec une quarantaine de très aimables compagnons de voyage. Partis de la gare de l'Est le 4 octobre, à sept heures et demie du soir, nous sommes revenus le 16, à six heures, après être restés un jour en Roumanie, et quatre jours et demi à Constantinople.
C'est à la Compagnie internationale des wagons-lits que l'on doit ce prodige.

GEORGES BOYER, 1883

du maréchal Foch. C'est dans cette voiture que sera signé l'armistice du 11 novembre. Hitler exigera qu'y soit également signé l'armistice – moins glorieux – du 22 juin 1940.

70 I Agence de la Compagnie internationale des wagons-lits à Budapest, 1914. Derrière le grand comptoir d'acajou, on voit les armoires à billets.

71 I Document d'informations destiné aux usagers de la Compagnie internationale des wagons-lits, 1900.

72-73 I L'Orient-Express en gare de Bucarest, vers 1905.

74 I Place Tophane, Constantinople, photochrome, vers 1895.

75 I Salon du Pera Palace de Constantinople, bâti en1892 par la Compagnie internationale des wagons-lits pour accueillir la clientèle de l'Orient-Express. L'été, lorsqu'il commençait à faire trop chaud, l'hôtel avait une succursale – le Therapia – bâtie au bord du Bosphore, à l'entrée d'un petit golfe.

76 I À gauche, compartiment double en position de jour dans une des voitures métalliques construites à Leeds, en 1922. Les marqueteries sont du décorateur Morisson. À droite, projet à l'aquarelle de H. Toussaint pour une affiche annonçant les horaires du Simplon-Express entre Londres et Venise.

77 I Le Simplon-Orient-Express en gare d'Iselle, après le passage du Simplon, 1913. Le tunnel du Simplon, construit entre Brigue

Où donc sommes-nous ? Je ne sais ; quelque part entre Pest et Temeswar. Le train s'arrête et nous sommes salués par la musique des Tziganes. À dire vrai, ces artistes brillants ne sont Tziganes que de nom. [...] Mais, Bohêmes ou non, ils ont le diable au corps, et ils jouent avec un brio merveilleux [...]. La machine siffle : adieu musique ! Non ! L'orchestre a bondi dans notre fourgon à bagages ; il a bientôt passé dans la salle à manger ; on fait un branle-bas général de tables et de chaises, et voici nos jeunes gens qui dansent avec les aimables Viennoises une valse de tous les diables. Cette petite fête ne finira qu'à Szegedin.

EDMOND ABOUT, 1883

(Suisse) et Iselle (Italie), est inauguré en 1906. Trois équipes de 1 500 mineurs chacune se sont relayées sur ce chantier pendant huit ans, confrontées à d'innombrables difficultés : émanations de gaz toxiques, effondrements, sources souterraines, cascades d'eau chaude qui amenaient la température des galeries à plus de 50 °C !

78 | Salle d'attente des premières classes, gare centrale de Milan. Avec l'inauguration du Simplon-Express, on envisage la restructuration de la gare de Milan qui – placée sur le trajet Londres-Venise-Constantinople – devient une des plus prestigieuses d'Europe. Le projet est lancé en 1906 mais la reconstruction, fastueuse, n'est effectivement engagée qu'en 1912 : on confiera le projet à l'architecte Ulisse Stacchini.

79 | Simplon-Orient-Express en gare de Milan, vers 1940.

80 | Gare de Venise dans les années 1880. C'est sous l'occupation autrichienne qu'on construit, en 1861, une première gare (sur l'emplacement de l'église Santa Lucia, œuvre de Palladio). Par la suite, le Simplon-Express, poursuivant sa course au-delà de Milan, jusqu'à Venise, devient le train des voyages de noces. Dès lors, la gare de Venise restera, jusqu'à nos jours, le plus romantique des terminus.

81 | Malle Vuitton ancienne portant encore l'étiquette de l'hôtel Danieli, souvenir d'une luxueuse étape à Venise.

1921. Nouvel arrêt dans cette gare de Venise 'qui finit sur rien, sur une grande citerne d'ombre et de silence' [...]. Ce jour-là, je continuais ma route jusqu'à Stamboul, par un Simplon-Express tout neuf, destiné par les Alliés à détrôner le vieil Orient-Express, premier tronçon du Bagdadbahn de Guillaume II.
Sur la terre ferme, les tranchées se refermaient, les enfants vénitiens pêchaient dans les trous d'obus [...].

PAUL MORAND, 1983

82 ı Port de Trieste, vers 1880. Dans un premier temps, le Simplon-Orient-Express n'ira pas plus loin que Venise. Les autorités autrichiennes lui refusent l'accès à Trieste, craignant que ce train de luxe ne fasse concurrence aux bateaux de la puissante compagnie du Lloyd autrichien.
83 ı Gorges du Danube, photochrome, vers 1895. Dans ses premières années de service, l'Orient-Express n'est pas direct. Arrivés au Danube, à Giurgiu, les passagers s'embarquent sur un petit vapeur qui les mène sur la rive droite du fleuve, à Ruse (Roustchouk) d'où l'on poursuit le voyage vers Constantinople.
84 ı Le Simplon-Orient-Express traversant un viaduc, sur son parcours grec, années 1920.
85 ı À gauche, affiche pour la promotion du Simplon-Orient-Express et du Taurus-Express, par André Wilkin, 1930. À droite, cabinet de toilette dans un wagon-lit de 1902. Ce cabinet, orné de vitraux, était situé entre deux cabines, de sorte que les passagers y avaient accès à tour de rôle. On pouvait s'y enfermer grâce au verrou placé sur la porte de la cabine voisine.
86 ı Page extraite d'une brochure donnant tout le détail du réseau ferroviaire de la grande famille de l'Orient-Express, 1930-1931. Ici, la carte illustre l'une des branches du Taurus-Express, celle qui mène à Bagdad.
87 ı Pyramides du Caire, photochrome, vers 1895. Le Caire était le terminus de la branche sud du Taurus-Express.

Le paysage qui était plat et monotone depuis le matin tourne au pittoresque à mesure que nous approchons des Carpathes. Ainsi que le Danube, notre route a ses Portes-de-Fer. On ne les franchit pas toujours sans danger ; les torrents ne se font pas faute de miner le ballast ; la marne verte des montagnes s'éboule ou glisse en grandes masses sur la voie. Un train a déraillé la semaine dernière et l'on nous dit qu'il y a eu mort d'homme. Nous voyons une équipe de terrassiers qui travaillent à prévenir tout nouvel accident. Notre journée de samedi s'achève au milieu de décors magnifiques et incessamment renouvelés. Malheureusement la nuit tombe vite en octobre ; elle nous surprit au milieu des merveilles d'Herculesbad, les bains d'Hercule, une station renouvelée par les Roumains et décorée avec infiniment de goût par les modernes [...] et c'est en aveugles que nous passons la frontière de Roumanie.

EDMOND ABOUT, 1883

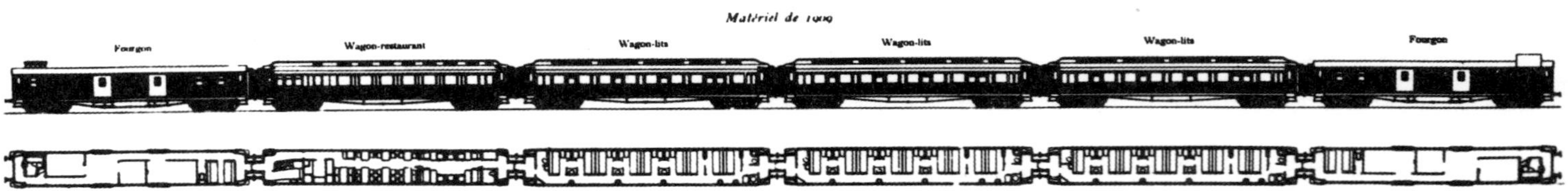

Paris – Gare de l'Est.

N°. 501
EST
SERIE 4
399

Compagnie Internationale des Wagons Lits
et des grands Express-Européens

CARTE PERSONNELLE
1898

ORIENT-EXPRESS

Monsieur Chevalier,
Chef de la Comptabilité,

est autorisé à voyager sans payer de supplément
dans le train dit ORIENT-EXPRESS

LE DIRECTEUR GÉNÉRAL:

N° 45.

COMPAGNIE INTERNATIONALE DES WAGONS-LITS
MENU du 17 avril
Train d'Orient
Potage
Perles du Japon
Poissons

HÁLÓKOCSIJEGYEK
SCHLAFWAGEN BILLETS
WAGONS-LITS
SLEEPING-CAR

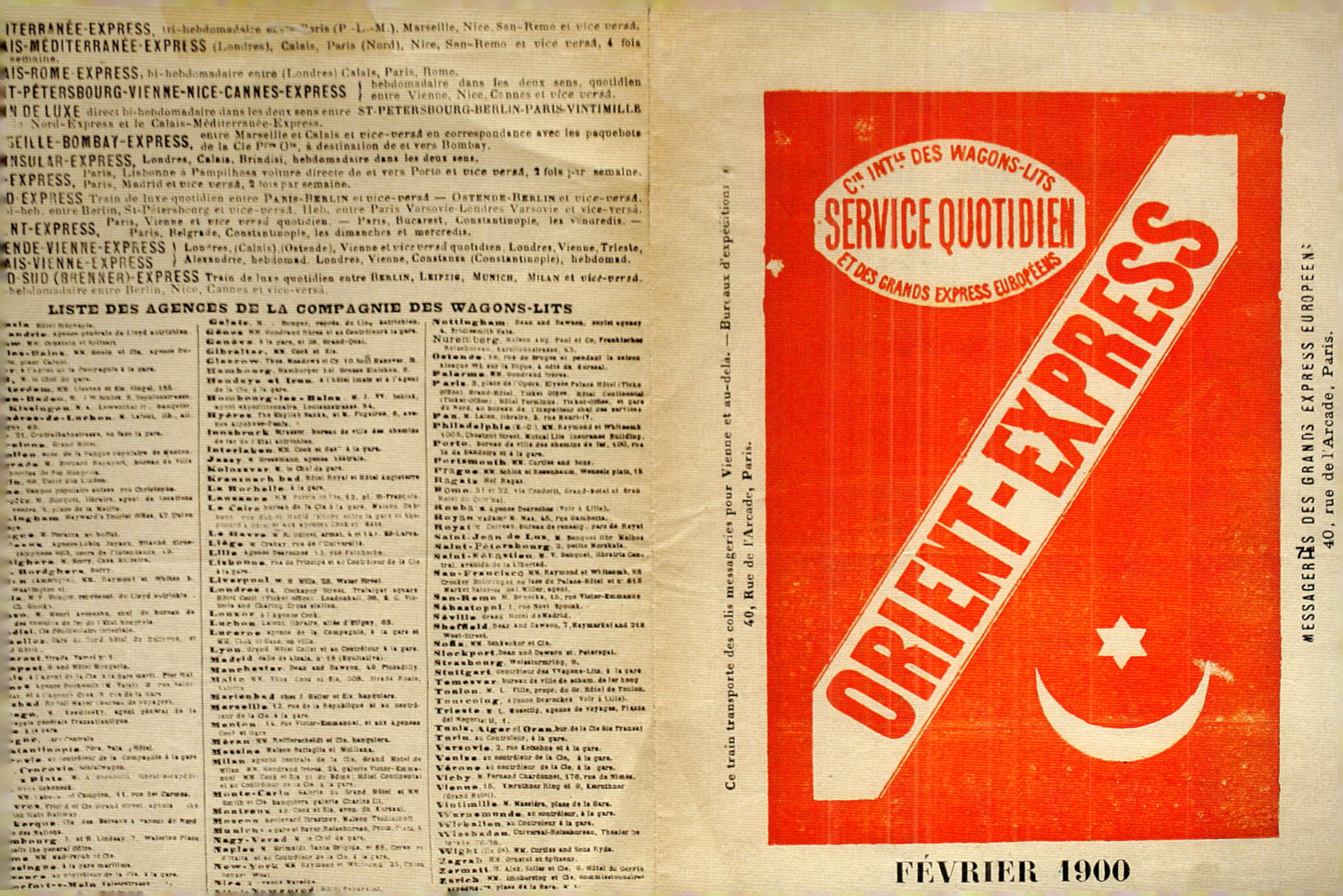
ITERRANÉE-EXPRESS, tri-hebdomadaire entre Paris (P.-L.-M.), Marseille, Nice, San-Remo et *vice versâ*.
AIS-MÉDITERRANÉE-EXPRESS (Londres), Calais, Paris (Nord), Nice, San-Remo et *vice versâ*, 4 fois semaine.
AIS-ROME-EXPRESS, bi-hebdomadaire entre (Londres) Calais, Paris, Rome.
T-PÉTERSBOURG-VIENNE-NICE-CANNES-EXPRESS } hebdomadaire dans les deux sens, quotidien entre Vienne, Nice, Cannes et *vice versâ*.
N DE LUXE direct bi-hebdomadaire dans les deux sens entre ST-PETERSBOURG-BERLIN-PARIS-VINTIMILLE le Nord-Express et le Calais-Méditerranée-Express.
SEILLE-BOMBAY-EXPRESS, entre Marseille et Calais et *vice-versâ* en correspondance avec les paquebots de la Cie Pre Ole, à destination de et vers Bombay.
NSULAR-EXPRESS, Londres, Calais, Brindisi, hebdomadaire dans les deux sens.
-EXPRESS, Paris, Lisbonne à Pampilhosa voiture directe de et vers Porto et *vice versâ*, 2 fois par semaine. Paris, Madrid et *vice versâ*, 2 fois par semaine.
D-EXPRESS Train de luxe quotidien entre PARIS-BERLIN et *vice-versâ*. — OSTENDE-BERLIN et *vice-versâ*. bi-heb. entre Berlin, St-Pétersbourg et *vice-versâ*. Heb. entre Paris Varsovie-Londres Varsovie et vice-versâ.
NT-EXPRESS, Paris, Vienne et *vice versâ* quotidien. — Paris, Bucarest, Constantinople, les vendredis. — Paris, Belgrade, Constantinople, les dimanches et mercredis.
ENDE-VIENNE-EXPRESS } Londres, (Calais), (Ostende), Vienne et *vice versâ* quotidien. Londres, Vienne, Trieste,
AIS-VIENNE-EXPRESS } Alexandrie, hebdomad. Londres, Vienne, Constanza (Constantinople), hebdomad.
D-SUD (BRENNER)-EXPRESS Train de luxe quotidien entre BERLIN, LEIPZIG, MUNICH, MILAN et *vice-versâ*. hebdomadaire entre Berlin, Nice, Cannes et vice-versâ.

LISTE DES AGENCES DE LA COMPAGNIE DES WAGONS-LITS

Ce train transporte des colis messageries pour Vienne et au-delà. — Bureaux d'expéditions : 40, Rue de l'Arcade, Paris.

FÉVRIER 1900

MESSAGERIES DES GRANDS EXPRESS EUROPÉENS
40, rue de l'Arcade, Paris.

COMPAGNIE INTERNATIONALE DES WAGONS-LITS ET DES GRANDS EXPRESS EUROPEENS
ORIENT-EXPRESS
SCHLAFWAGEN

COMPAGNIE INTERNATIONALE DES WAGONS-LITS
VIENNE - PARIS
SLEEPING-CAR
N 637 A

74

76
280

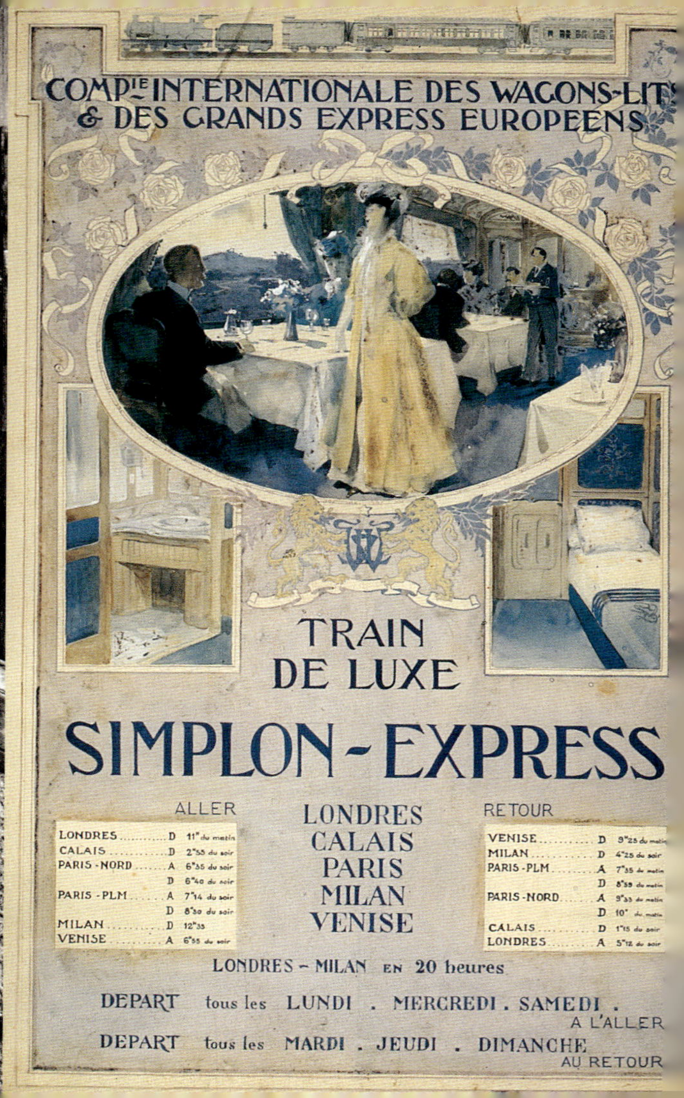
COMPIE INTERNATIONALE DES WAGONS-LITS
& DES GRANDS EXPRESS EUROPEENS
TRAIN
DE LUXE
SIMPLON - EXPRESS
ALLER
LONDRES .... D 11h du matin
CALAIS .... D 2h55 du soir
PARIS-NORD .... A 6h35 du soir
D 6h40 du soir
PARIS-PLM .... A 7h14 du soir
D 8h30 du soir
MILAN .... D 12h35
VENISE .... A 6h55 du soir
LONDRES
CALAIS
PARIS
MILAN
VENISE
RETOUR
VENISE .... D 9h25 du matin
MILAN .... D 4h25 du soir
PARIS-PLM .... A 7h35 du matin
D 8h59 du matin
PARIS-NORD .... A 9h33 du matin
D 10h du matin
CALAIS .... D 1h15 du soir
LONDRES .... A 5h12 du soir
LONDRES - MILAN en 20 heures
DEPART tous les LUNDI . MERCREDI . SAMEDI .
A L'ALLER
DEPART tous les MARDI . JEUDI . DIMANCHE
AU RETOUR

78

COMPAGNIE INTERNATIONALE DE
SIMPLON ORIENT EXPRESS
PARIS LAUSANNE MILANO TRIESTE
BEOGRAD SOFIA ISTANBUL
VOITURE - LITS

80

HOTEL
ROYAL DANIELI
VENEZIA

LON-ORIENT-EXPRESS
TAURUS-EXPRESS
EUROPE
ASIE
AFRIQUE

Le Caire. Tombeau des Khalifes.

...xor. Le Temple.

Cl. E. Landrock

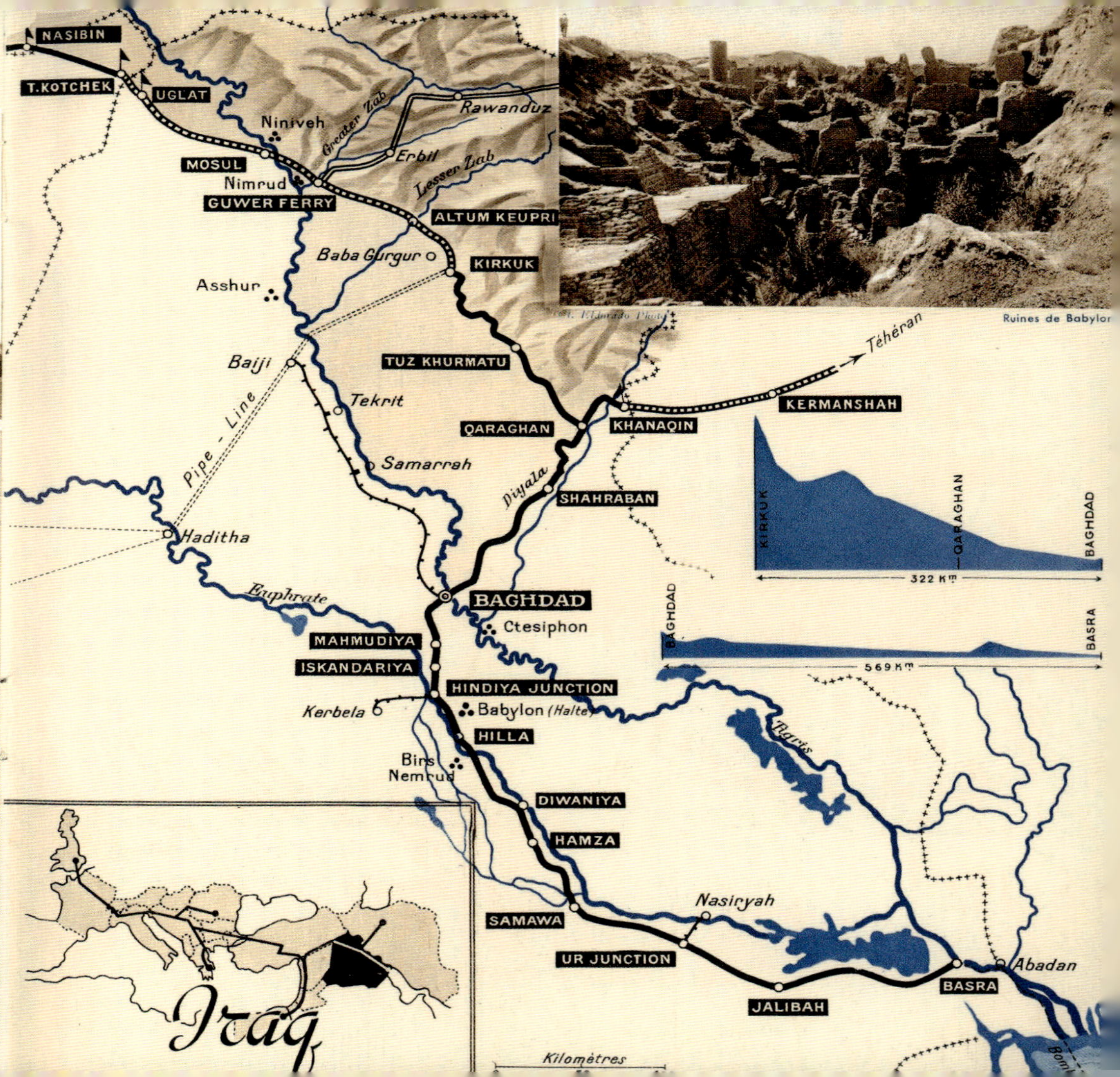

Ruines de Babylone

87

1886 Le Canadien

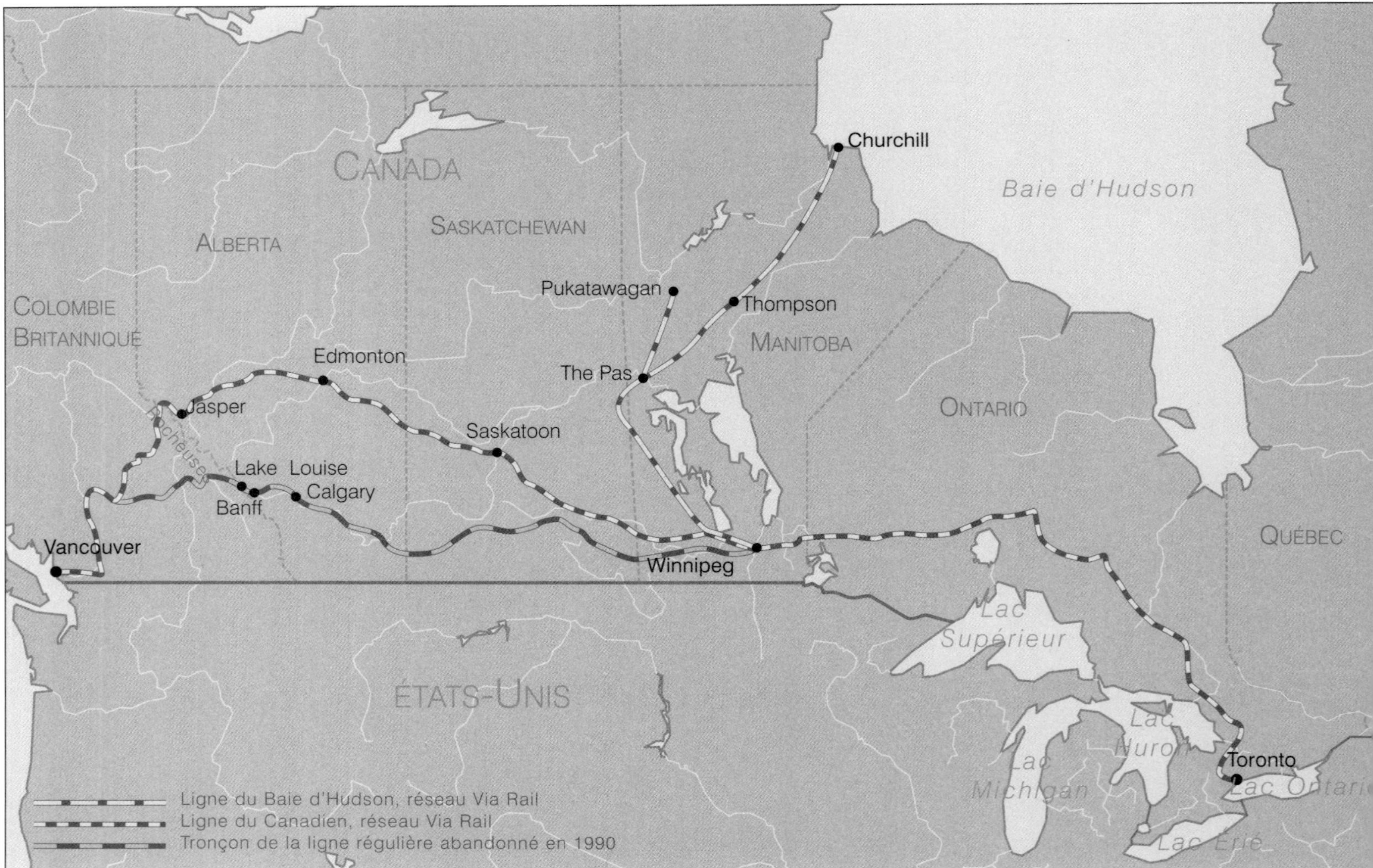
CANADA
ALBERTA
SASKATCHEWAN
COLOMBIE BRITANNIQUE
MANITOBA
ONTARIO
QUÉBEC
Baie d'Hudson
Churchill
Pukatawagan
Thompson
The Pas
Edmonton
Jasper
Saskatoon
Lake Louise
Banff
Calgary
Vancouver
Winnipeg
Toronto
Lac Supérieur
Lac Huron
Lac Michigan
Lac Érié
ÉTATS-UNIS
Ligne du Baie d'Hudson, réseau Via Rail
Ligne du Canadien, réseau Via Rail
Tronçon de la ligne régulière abandonné en 1990

En ce dernier tiers du XIXe siècle, la jeune Confédération canadienne, dont la constitution a été ratifiée par le Parlement de Westminster en 1867, n'a qu'une existence théorique. L'essentiel de la population est alors regroupé à l'Est. Quant au reste du territoire, il échappe presque entièrement au contrôle d'Ottawa. Le Manitoba forme une vaste contrée encore inexplorée, peuplée d'Indiens (qu'on a « oublié » de consulter lors de l'annexion de leurs territoires), très hostiles au gouvernement canadien.
Au-delà de la barrière des Rocheuses, la Colombie britannique, peuplée de quelques milliers de colons, est isolée sur son rivage pacifique et courtisée de très près par les États-Unis. D'ailleurs, il ne faudrait pas grand chose pour qu'elle cède aux avances américaines. C'est la raison pour laquelle le Premier ministre John Alexander MacDonald s'engage, en 1870, à bâtir une ligne de chemin de fer qui relierait la Colombie britannique au reste du continent. Promesse très imprudente mais qui persuade les colons de la côte pacifique d'accepter, l'année suivante, leur rattachement à la Confédération.
À partir de là, il ne se passe plus rien. Le tracé de la future voie se heurte à la formidable barrière des Rocheuses dont on n'a, à l'époque, presque aucun relevé. La rentabilité aléatoire de cette ligne, qui traverserait des régions inhabitées, « enfermées dans les glaces sept mois de l'année », décourage les investisseurs. Enfin les Indiens du Manitoba sont prêts à tout pour empêcher la construction de ce chemin de fer, nouvelle manifestation de l'arbitraire colonial. Toutes les tentatives échouent, les esprits s'échauffent, la Colombie – exaspérée – menace de faire sécession et MacDonald est contraint de démissionner. Le gouvernement d'Ottawa réalise alors que seuls des capitaux privés pourraient le sortir de ce bourbier. En 1881, on confie donc les travaux et l'exploitation de la ligne à une société nouvellement constituée : la Canadian Pacific Railway (CPR). Et de fait, tout à coup, le projet se débloque, tant et si bien que le dernier crampon de la ligne transcontinentale est posé le 7 novembre 1885. Il faudra cependant attendre une année encore avant la mise en service : la couverture de ballast n'est pas posée partout, les gares restent à construire, tandis qu'à l'Ouest, il faut – déjà ! – réparer les voies que pulvérisent les avalanches.
À ce stade, la ligne transcanadienne est, surtout, un gouffre financier. Il s'agit de la rentabiliser, de toute urgence.
La CPR organise immédiatement la « ruée vers l'Ouest

canadien », installant des agences partout – en Europe, aux États-Unis – pour promouvoir l'immigration et l'achat des terres (par cession gouvernementale, la compagnie était propriétaire de 10 millions d'hectares, de part et d'autre de la voie ferrée). L'autre solution, imaginée par Van Horne, le très talentueux directeur de la ligne, est d'attirer à toutes forces la clientèle internationale des trains de luxe qui, depuis peu, s'est éprise de montagnes. Il n'est qu'à constater, à l'époque, l'extraordinaire engouement pour les Alpes helvétiques. Or voilà justement ce que Van Horne a en tête : faire des Rocheuses l'équivalent des Alpes suisses, vendre des « Alpes canadiennes ».

Le premier train de voyageurs à destination de la côte ouest quitte Montréal à 20 heures, le 28 juin 1886 et arrive à Port Moody (à une vingtaine de kilomètres de Vancouver) le 4 juillet suivant, à midi. La ligne est alors la plus longue du monde et, selon les vœux de Van Horne, elle n'est pas loin d'être aussi la plus confortable. La classe dite « des colons » (adaptée au budget des immigrants) et la seconde classe permettent, au dire des contemporains, de voyager très correctement. Quant aux premières classes, elles sont très au-dessus des standards internationaux. Van Horne a même mis un point d'honneur à ce qu'on lui fabrique sur mesure des couchettes plus longues et plus larges que celles fournies par Pullman… Même luxe au wagon-restaurant où les boiseries marquetées, les banquettes en cuir repoussé, le cristal et l'argenterie complètent un véritable parcours gastronomique : d'est en ouest, des truites du Saint-Laurent au saumon de la rivière Fraser, en passant par le gibier des prairies, les menus varient au fil des paysages traversés.

Pourtant, dès que le train atteint les Rocheuses, les choses se gâtent. La ligne, trop vite faite, manque de tunnels qui adouciraient un peu la raideur de certains passages. Les locomotives doivent gravir – ou dévaler – des pentes deux fois plus fortes que la norme habituellement admise. Dans ces circonstances, les wagons-restaurants deviennent impraticables : tout se renverse et s'entrechoque tandis que le service perd peu à peu de sa dignité. Par ailleurs, le poids très important de ces voitures alourdit dangereusement les convois. Bref, on finit par laisser les wagons-restaurants au bas des pentes pour construire, en relais, des *dining-stations*. Ces étapes de restauration, bâties aux abords des passages difficiles, assurent le confort des voyageurs privés de leur wagon-restaurant mais offrent aussi, de par leur position escarpée, de fabuleux points de vue. C'est le début du système hôtelier de la CPR. D'abord de jolis chalets multicolores, dans le genre suisse, puis des édifices monumentaux – entre le manoir Tudor et le château de la Loire : pour finir, les hôtels fleurissent tout le long de la ligne. Dans les magnifiques palaces de l'Alberta, à Banff Springs ou à Lake Louise, au-dessus des vallées ou au bord des lacs, la riche clientèle britannique du transcanadien trouve la même qualité d'accueil qu'à Singapour ou à Bombay.

Ici, elle chasse l'ours comme, ailleurs, elle a chassé le tigre, retrouvant à l'hôtel son indispensable tasse de thé et ses journaux habituels. Dans les villes aussi, qui prospèrent ou se créent à la faveur du trafic ferroviaire, d'immenses « châteaux hôteliers » sortent de terre. Vancouver, qui détrône bientôt Port Moody et est promu à son tour terminus occidental du Canadien-Pacifique, reçoit le premier hôtel urbain de la CPR, en 1887. À Québec, où les touristes débarquent des bateaux transatlantiques, le château Frontenac – le plus beau fleuron de la compagnie – surplombe le Saint-Laurent dès 1893.

A mari usque ad mare (D'un océan à l'autre), telle était la devise choisie par les fondateurs du Canada, telle est la route du Canadien-Pacifique qui transporte le monde entier d'un bout à l'autre du pays : des rois, des lords et des duchesses ; des alpinistes, des aventuriers ; des pêcheurs de truite et des chasseurs de bernaches ; des trappeurs et des coureurs de bois ; des investisseurs aussi bien que des touristes ; des globe-trotters en route vers l'Asie ; et même des vagabonds du rail, comme Jack London qui fera le trajet est-ouest caché sous un wagon, en 1894. Plus tard, une autre ligne, que gère cette fois la Canadian National Railways (CN), est créée, plus au nord : elle passe par Edmonton et Jasper. C'est cette ligne-là, exploitée à présent par Via rail, qui depuis les années 1990 est officiellement la seule ligne de voyageurs, desservie trois fois par semaine par le Canadien. On se console difficilement de la suppression d'un service régulier sur des destinations aussi fabuleuses que Banff, ou Lake Louise. Mais la bonne nouvelle, cependant, c'est que les voitures originales du Canadien Pacifique, celles qui furent construites en 1955, ont été préservées restaurées, aménagées, ce sont elles dont l'acier brille au soleil quand le Canadien traverse les grandes plaines du Manitoba et du Saskatchewan.

L'Angleterre tient à ses possessions américaines pour deux raisons : en premier lieu, son orgueil national lui interdit de ne rien faire qui puisse favoriser les entreprises annexionnistes, ensuite, elle vient de construire un chemin de fer qui traverse le continent canadien dans toute sa largeur, de l'Atlantique au Pacifique.
Ce chemin de fer, établi parallèlement à la voie ferrée américaine, relie également à quelque cent lieues plus bas les deux Océans ; mais la ligne canadienne semble devoir supplanter sa rivale des États-Unis. C'est en effet la route la plus courte et la plus directe pour se rendre maintenant d'Europe dans l'Extrême-Orient ; aussi le nouveau chemin de fer « The Great Trunk » est-il appelé à un avenir immense.

PHILIPPE DESCHAMPS, 1900

88 ı Ancienne route du Canadien-Pacifique, ici aux alentours de Lake Louise, en 1989. C'est le 15 janvier 1990 que le Canadien accomplit son dernier voyage sur la ligne originelle du CPR, laquelle passait par Calgary, Lake Louise, Banff, et croisait quelques-unes des plus grandes merveilles naturelles du Canada. Cette route, néanmoins, si elle ne fait plus l'objet d'un service régulier, est desservie par un train touristique (à des tarifs également touristiques...) : le Rocky Mountaineer.

101 ı Vu du Saint-Laurent, le château Frontenac, Québec, vers 1900. Inauguré en 1893 par la CPR – pour accueillir la clientèle du Canadien-Pacifique, fraîchement débarquée des transatlantiques –, cet hôtel est l'un des plus beaux du Canada. Il fixait définitivement les règles architecturales du « style château », adapté aux établissements hôteliers de la ligne transcanadienne. Ce style fut par la suite promu « style national » : jusqu'à la veille de la Seconde Guerre mondiale, tous les bâtiments canadiens requérant quelque dignité seront conçus dans cet esprit.

102 ı Le Canadien en gare de Careol, Ontario, 2002. On voit ici, en queue du train, la « park car », voiture d'observation réservée aux passagers voyageant en classe silver & blue (équivalent de notre « première classe »).

103 ı Le Canadien dans la nuit. Ce sont les authentiques voitures en acier inoxydable du Canadien-

Pose du dernier crampon de la ligne du CPR, 7 novembre 1885.

Pacifique – construites en 1955 et réaménagées – qui, aujourd'hui, constituent le matériel roulant du Canadien.
104-105 I Sur le Canadien, vues extérieure et intérieure des « vista dome ». Ce système de « bulles de verre » panoramiques, situées sur le dessus des voitures d'observation et accessibles à toutes les classes de passagers, a été mis au point aux États-Unis. C'est sur le California Zephyr (voir p. 244) que les « vista dome » furent installés pour la première fois.
106 I Le Canadien dans les Rocheuses, sur l'ancienne route du Canadien-Pacifique, aux environs de Banff (Alberta), années 1980. C'est dans cette région que fut créé, en 1887, le plus ancien des parcs canadiens, le parc national de Banff, qui s'appelait à l'origine « parc national des Montagnes Rocheuses ».
107 I Troupeau de mouflons bighorn observés depuis le Canadien, sur l'actuelle route transcontinentale, dans le parc national de Jasper (Alberta), 2002.
108. Vue intérieure du « bullet lounge », salon de la « park car », voiture d'observation située en queue ce train, sur le Canadien, 1989. Ce salon, oblong et totalement panoramique, est réservé à la classe silver & blue. On y sert en permanence thé et café, tandis que les passagers admirent le paysage.

Ouvriers le long de la ligne en construction, années 1880.

109 I Le Canadien en gare de Jasper (Alberta). Située sur l'actuel itinéraire du Canadien, cette gare est à proximité du passage du Great Divide ou ligne de partage des eaux entre le Pacifique et l'Atlantique.
110-111 I Le Canadien en route vers l'Ouest. Lors de la construction de la ligne, la barrière des Rocheuses a été l'une des principales difficultés à surmonter. Mais, par endroits, l'eau – marécages, fondrières – a posé d'énormes problèmes. Il a parfois fallu fabriquer un système de pilotis et de grands radeaux de bois pour faire flotter la voie aux passages difficiles.
112-113 I Sur la ligne du Grand Nord, en route vers Churchill, 1985. Outre la ligne régulière, Via rail propose un train touristique entre Winnipeg et le port de Churchill (Manitoba), sur les rives de la baie d'Hudson. Le train – qui se nomme le Baie d'Hudson – est le seul mode de transport terrestre qui permette de rejoindre ces régions. On est au cœur de l'aventure subarctique ; quand arrivent les grands froids, les cheminots doivent casser à coups de marteau la glace collée sous les wagons. Pour les passionnés de randonnée, de chasse, de pêche ou de traîneau à chiens, le Baie d'Hudson a une particularité : le passager peut descendre à l'endroit exact qui lui convient, même si aucun arrêt n'est prévu. Il suffit d'en informer le conducteur du train au moment du départ.

Les frères Notman étaient les photographes officiels de la CPR. On voit ici le wagon qui, entre 1887 et 1889, leur fut réservé (derrière la locomotive) : il comprenait une chambre noire.

À gauche : publicité
de Peter Ewart
pour la CPR, 1947.
À droite : gare
de Lake Louise,
vers 1900.

Je me trouvais à Ottawa, en route vers l'Ouest par le Canadian Pacific. Devant moi s'allongeaient trois mille kilomètres de rail. On était en automne et je devais traverser le Manitoba et les montagnes Rocheuses. Un froid cinglant s'annonçait et chaque jour de retard augmentait les difficultés du voyage. Je me sentais découragé. [...] Pour comble, mon abattement s'était accru par la fatigue d'une journée passée à chercher des vêtements en vue de ce long voyage. [...] À six heures, je lâchai tout pour gagner le voisinage de la voie ferrée [...]. Quand j'arrivai au dépôt des machines, j'y trouvai déjà, à ma profonde contrariété, un groupe d'une vingtaine [de vagabonds] au moins, qui se disposaient à prendre d'assaut les fourgons du rapide. Deux ou trois vagabonds sur les [wagons postaux] d'un train, passe encore ! Ils restent inaperçus. Mais vingt ! Cela n'annonçait rien de bon. Jamais l'équipe ne consentirait à nous accepter tous.

JACK LONDON, 1907

114 I Gare de Vancouver, vers 1900. Les gares, comme les hôtels de la CPR, adoptent le « style château ». L'avènement de cette manière architecturale est aussi stimulé par la compétition avec les États-Unis. Les structures monumentales et sombres de l'architecture canadienne s'opposaient au classicisme washingtonien. La jeune nation devait affirmer sa différence.
115-117 I Le Canadien dans les Rocheuses. Peu après la construction de la voie, Van Horne dut trouver une solution pour protéger les rails des éboulis et avalanches. Il eut recours à une technique précédemment adoptée, aux États-Unis, par la Central Pacific Railway : il s'agissait, là où la voie était menacée, de la couvrir d'un abri solidement charpenté. Le problème est qu'ainsi, on perdait des kilomètres de ces paysages stupéfiants qui, pour certains passagers, étaient la raison d'être du voyage. Pour détourner la difficulté, Van Horne fit doubler les voies, partout où elles étaient couvertes, afin de préserver – en été du moins – le plaisir du regard.
118 I Cerf en bord de voie, sur le passage du Canadien, dans les Rocheuses.
119 I Passage des Rocheuses, par la route et le chemin de fer, années 1920.
120 I À la confluence des rivières Spray et Bow, dans un paysage

Le tramway de Lake Louise, vers 1920.

dramatique et superbe, l'impressionnant édifice du Banff Springs Hotel, vers 1900. Le Banff, ouvert en 1888, avec 250 chambres et tout le confort moderne, était présenté dans les brochures publicitaires de la CPR comme « le plus bel hôtel de tout le continent nord-américain. »

121 ı Vallée de la rivière Bow, vue depuis une chambre de l'hôtel Banff, 1988. C'est dans cette vallée que fut tourné *La Rivière sans retour*, avec Marilyn Monroe (qui séjourna au Banff).

122 ı Arrivée du Canadien-Pacifique en gare de Sicamous, Colombie britannique, années 1920. Certains établisssements de la CPR étaient moins ambitieux que celui de Banff, par exemple. Ainsi, l'hôtel construit à Sicamous, en 1894, offrait l'atmosphère détendue des vacances sportives, consacrées au plein air.

123 ı Personnel de l'hôtel de Lake Louise lissant la glace pour les clients souhaitant patiner, Alberta, 1988. Dans ce cas précis, c'est le contexte naturel, superbe et drainant de plus en plus de visiteurs, qui persuade la CPR de bâtir une bretelle d'accès depuis la voie de chemin de fer principale. Elle fut achevée en 1891 et suivie de la construction d'un hôtel, lequel succédait aux tentes de fortune proposées par le CPR pour endiguer le flot des visiteurs.

SOUTH

JASPER

110
L

1900

Le Transsibérien

Dans les années 1870, il y a déjà des trains en Russie. La ligne Saint-Pétersbourg-Moscou est en service depuis 1851 et, si l'on s'en tient aux témoignages des voyageurs, les chemins de fer russes sont tout à fait convenables. Les gares principales sont élégantes, avec des salles d'attente accueillantes et des buffets bien garnis. À bord des trains, ce n'est pas mal non plus, assez confortable, les voitures étant plus vastes qu'en Europe, tant en largeur qu'en hauteur. Théophile Gautier, lors de son voyage en Russie, est séduit par les charmes du chemin de fer local, en particulier par la disposition des wagons qui forment une sorte d'appartement, précédé d'une antichambre (avec water-closet et cabinet de toilette) et doté de divans ou de « fauteuils élastiques garnis d'oreillettes capitonnées ». Il apprécie également l'efficacité du chauffage qu'assurent des poêles bourrés de bois, lesquels – durant le terrible hiver – maintiennent la température intérieure à 15 ou 16 °C. Ce qu'ignore Gautier, c'est que ces poêles, conjugués au capitonnage d'ouate des voitures, sont une menace d'incendie permanente. On a, en partie, résolu le problème… en supprimant le chauffage dans les compartiments de troisième classe, où l'on grelotte en attendant que l'administration trouve une meilleure solution. L'autre faiblesse des chemins de fer russes, c'est qu'en dehors de la zone Saint-Pétersbourg-Moscou, ils n'existent pas. Les voyageurs qui veulent aller plus loin vers l'Est n'ont que deux moyens de transport : le traîneau durant l'hiver et, le reste du temps, la fameuse tarantass, ce chariot capoté de toile et sans ressorts, qui vous brise les reins. C'est qu'il n'y a pas non plus nécessité de relier Moscou aux lointaines terres de Sibérie dont la principale richesse, les fourrures, peut être acheminée par les moyens traditionnels.

Mais les choses changent peu à peu. La voie ferrée commence une progression vers l'est et rejoint Ekaterinbourg ; on découvre des richesses minérales en Sibérie et enfin l'Empire s'est élargi vers l'Orient en acquérant, Vladivostok. Ajoutons que la Russie est de toute façon condamnée à se moderniser, prise dans les tenailles du progrès, à l'est comme à l'ouest. D'un côté il y a l'Occident, avec les États-Unis qui, depuis 1869, ont un chemin de fer transcontinental ; avec l'Europe dont le réseau ne cesse de se densifier. De l'autre côté, le Japon s'éveille, à toute vapeur : dans ce pays, qui vivait encore au moyen âge vingt ans plus tôt, un train – dès 1872 – relie Tokyo à Yokohama.

Le tsar Alexandre III prend donc la décision d'engager le chantier pharaonique d'une ligne transsibérienne qui reliera Moscou à Vladivostok, avec embranchements vers Port-Arthur et Pékin. Et pour marquer le coup, il charge son fils, le grand-duc Nicolas, d'inaugurer les travaux : le 31 mai 1891, le prince héritier pose la première pierre du Transsibérien, à Vladivostok. En fait, la ligne (qui sera achevée un quart de siècle plus tard) est entreprise simultanément, des deux côtés, comme cela avait été fait pour la traversée du continent américain. Mais, là, la difficulté ne tient pas au relief. Ce qui va gêner la construction, c'est le froid (la terre est parfois gelée jusqu'en juillet), la neige qui monopolise d'énormes équipes de déblaiement, le passage des grands fleuves et, plus généralement, l'humidité. Les forêts de bouleaux de la taïga sont gorgées d'eau sur une très grande profondeur : il faudra construire une multitude de remblais et de petits ponts pour maintenir les voies hors de l'eau. Ajoutons à tout cela les distances considérables d'un point de ravitaillement à un autre et la quasi impossibilité de trouver de la main d'œuvre sur place. Mais quant à ce dernier problème, on y trouve remède en enrôlant les forçats et les relégués qu'on stimule avec des promesses de remise de peine.

En tout cas, la ligne avance, au rythme, très satisfaisant, de 600 km par an. Déjà, on commence à rentabiliser, non pas avec les premières ou les deuxièmes classes mais avec les troisièmes classes qui – l'immigration augmentant – sont légion. L'Eldorado sibérien attire 60 000 émigrants en 1892 et 200 000 en 1899. L'État, qui est le principal exploitant des chemins de fer russes, gère habilement cette ruée vers l'Est, avec des gares spéciales où l'immigrant trouve nourriture et soins gratuits.
En 1900, on peut effectivement aller d'Europe à Vladivostok par le train. Mais la ligne n'est pas achevée pour autant et la navigation y supplée. On doit ainsi s'embarquer sur la Chilka et le fleuve Amour, pour parcourir les 2 240 km qui séparent Stretensk de Khabarovsk (à 900 km au nord de Vladivostok). Sur le Transsibérien occidental, le passage du lac Baïkal requiert le recours à deux grands brise-glace tout neufs, de fabrication anglaise, qui transportent les trains d'une rive à l'autre. Quand éclate la guerre russo-japonaise (en 1905) et qu'il faut au plus vite transporter les troupes vers le Pacifique, on réalise à quel point les 64 km de traversée du Baïkal retarde le trafic. C'est alors qu'on entreprend la construction d'un nouveau tronçon

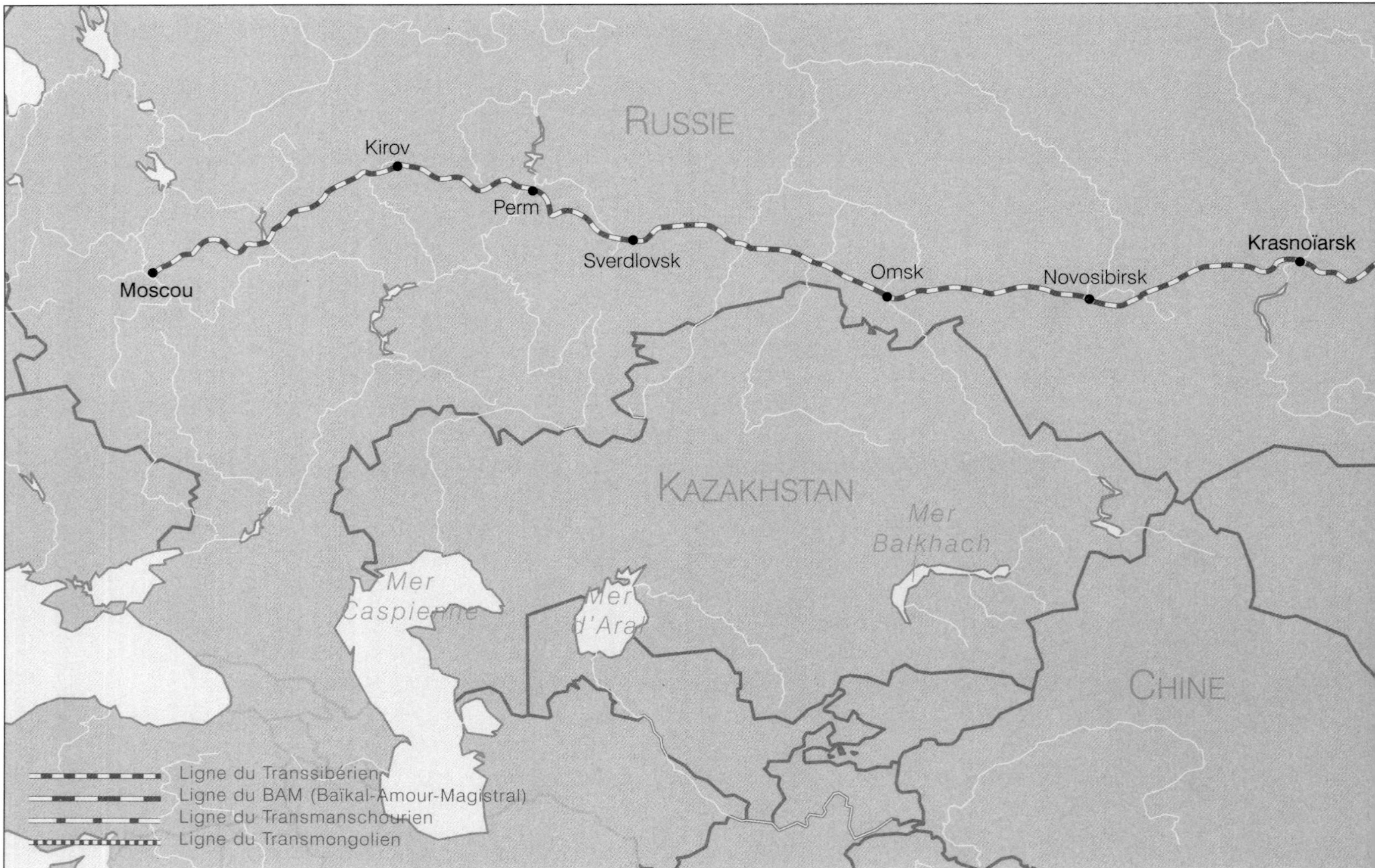

Russie
Kirov
Perm
Sverdlovsk
Omsk
Novosibirsk
Krasnoïarsk
Moscou
Kazakhstan
Mer Balkhach
Mer Caspienne
Mer d'Aral
Chine
Ligne du Transsibérien
Ligne du BAM (Baïkal-Amour-Magistral)
Ligne du Transmanschourien
Ligne du Transmongolien

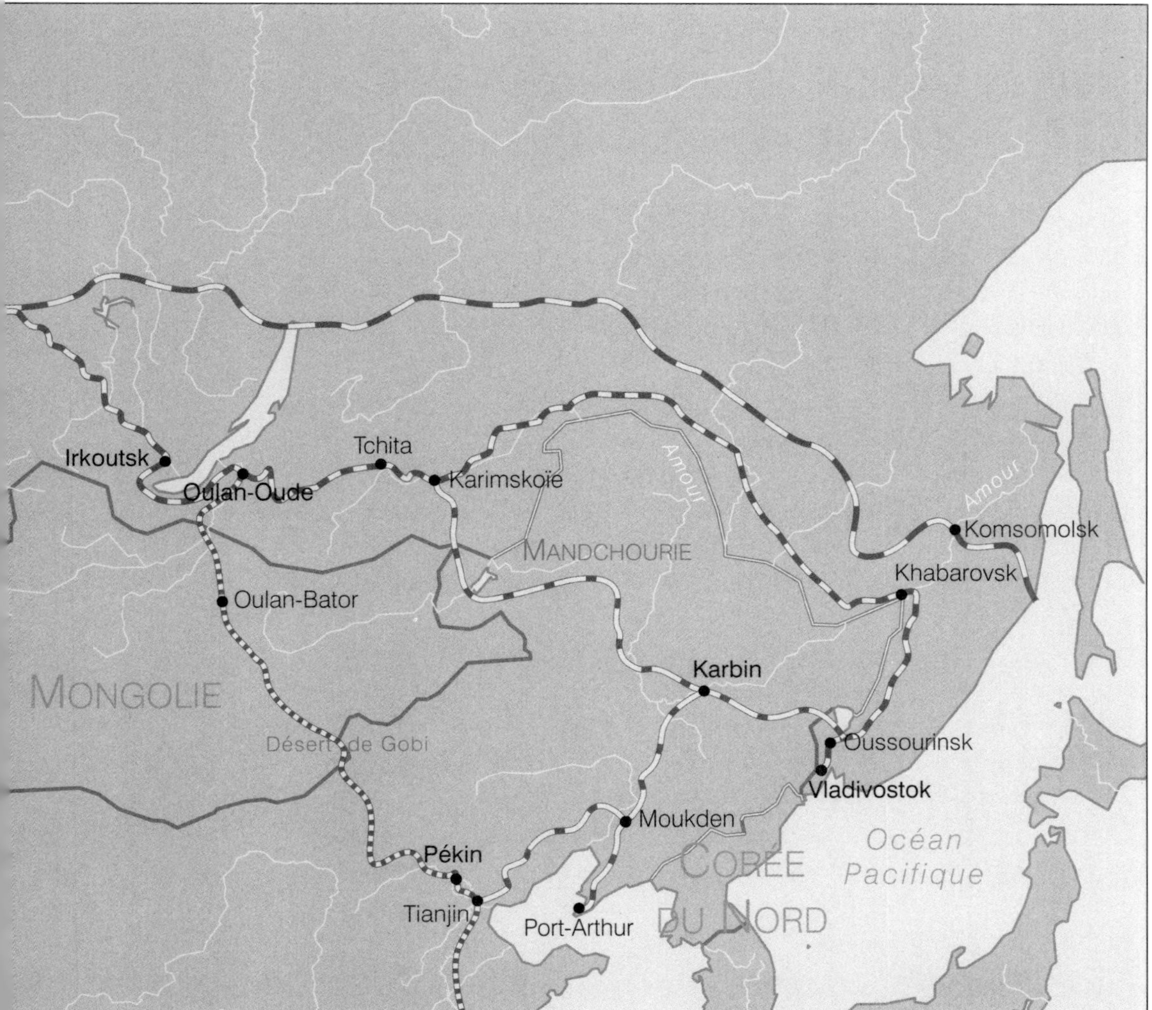
Irkoutsk
Oulan-Oude
Tchita
Karimskoïe
Amour
Amour
Komsomolsk
Khabarovsk
MANDCHOURIE
Oulan-Bator
Karbin
MONGOLIE
Désert de Gobi
Oussourinsk
Vladivostok
Moukden
Océan
Pacifique
Pékin
COREE
DU NORD
Tianjin
Port-Arthur

contournant le Baïkal. À la même époque, il apparaît également que la ligne, telle qu'elle a été construite dans les précédentes années, est à revoir. Pour aller vite, on était allé à l'économie : le ballast n'a pas été correctement posé (25 cm d'épaisseur au lieu des 47 cm réglementaires) et parfois même, les rails ont été placés sur sol nu ; les traverses – qui n'ont pas subi de traitement préalable – pourrissent ; il n'y a pas de ces gares d'évitement qui permettraient, sur voie unique, de désengorger le système ; dans les monts Saïan, il faudrait substituer des tunnels aux rampes vertigineuses et aux virages trop dangereux, etc.
La ligne du transsibérien, que l'on peut considérer comme achevée vers 1916, sera en continuelle reconstruction.
Entre-temps, évidemment, Nagelmackers (voir le chapitre « Orient-Express ») essaie d'imposer un beau train de luxe sur la nouvelle ligne transsibérienne. Mais l'administration russe ne verra jamais d'un bon œil cette ingérence étrangère. D'ailleurs la Russie a ses propres trains de luxe et le tsar Nicolas dispose déjà d'un convoi spécial de onze voitures (avec téléphone et électricité) bien avant que la Compagnie internationale des wagons-lits n'aménage, pour Félix Faure, le tout premier train présidentiel de la République française.

À l'Exposition universelle de 1900, à Paris, la Compagnie des wagons-lits expose un magnifique Transsibérien, mais qui ne sera jamais mis en service tel quel sur les lignes russes. Vexations (on oblige Nagelmackers à adjoindre à son Transsibérien une voiture de seconde classe… pour qu'il soit moins ostentatoire), tracasseries, sabotages, de toute façon le Transsibérien de la Compagnie des wagons-lits n'obtiendra pas de monopole. Un autre Transsibérien de l'État russe fonctionne en même temps que lui, se réservant les meilleures tranches horaires. En 1914, le train de la Compagnie est supprimé bien que celle-ci conserve le droit d'accrocher l'une de ses voitures à des trains russes déjà composés. En 1917, les Bolcheviks confisqueront son matériel roulant : sur un parc de 160 voitures, la Compagnie en récupérera une dizaine.
Dès lors, le Transsibérien sera délibérément russe, éventuellement dans sa version de luxe que ne dédaigne pas l'Union soviétique. Lénine lui-même se laissait aller à ce genre de crapuleuse douceur, dans ce mystérieux Express bleu que le prolétaire de base n'avait même pas le droit d'approcher lorsqu'il était en gare. C'est l'URSS tout entière qui se construit sur l'épine dorsale de ce chemin de fer imaginé par les tsars et qui, depuis, n'a cessé

de déployer son aile orientale : avec le Transmandchourien, le Transmongolien – qui reprend l'itinéraire des caravanes de thé – ou, plus récent, le BAM (Baïkal-Amour-Magistral), qui passe au septentrion de la ligne originelle. Il y a toujours un Transsibérien, qui est un train parmi d'autres, un peu plus luxueux, reliant Moscou à Vladivostok par la route classique. Mais le Rossiya, aluminium et plexiglass, roule lui aussi jusque-là, régulièrement. À bord de l'un ou de l'autre, le tarif est le même : 9 000 km, sept fuseaux horaires, sept nuits et six jours pour couvrir la distance.

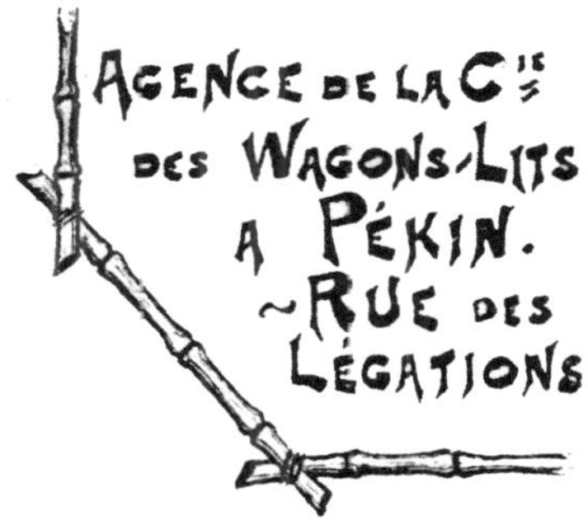

En quittant Perm la voie ferrée se dirige au nord, passe devant la fonderie de Motavilikia, puis longe la rive gauche de la Kama et bientôt après traverse la Tchoussovaja. Cette ligne de Perm à Ekaterinbourg dont le développement est de 500 kilomètres a été inaugurée en 1878 et se prolonge actuellement jusqu'à Tioumen ; les convois pourront aller d'Ekaterinbourg à Tioumen d'ici une année, (puis bientôt, dans 3 ou 4 ans peut-être, sera construit le grand chemin de fer sibérien de Kazan à Irkoutsk qui abrégera le voyage d'une bonne moitié [...]. Les voitures sont très confortables et même luxueuses. Une nouveauté, pour moi, a été la vue de couchettes au-dessus des bancs eux-mêmes ; je m'explique mal : à mi-hauteur de la voiture qui est assez élevée, le dossier du banc peut s'abaisser, de telle sorte que l'on peut facilement se coucher sur cette espèce de strapontin ; ainsi on dort l'un au-dessus de l'autre.

Albert Roussy, 1883

124 | Fleurs de givre sur les fenêtres du compartiment, à bord du Transsibérien.
137 | Locomotive se positionnant pour tracter un convoi, à l'est de Bratsk, sur la route du BAM.
138 | Place Tworskoi, Moscou, photochrome, 1895.
139 | Placard publicitaire, publié dans les journaux européens. Pour préparer le lancement de son Transsibérien, la Compagnie internationale des wagons-lits avait organisé – à prix très exceptionnels – une première excursion dont le départ était prévu pour le 24 août 1898. Curieusement, on n'enregistra aucune réservation. La Sibérie, à l'époque, ne fait pas rêver... ou bien fait peur.
140 | Grand salon de la voiture n° 724, qui faisait partie du convoi du Transsibérien tel qu'il fut présenté par la Compagnie internationale des wagons-lits, lors de l'Exposition universelle de 1900, à Paris. Dans la voiture 724, on pouvait aussi voir une salle de bains en bois de sycomore vert (avec baignoire) et un « veloroom » pour se dégourdir les jambes entre Moscou et Pékin.
141 | Prospectus édité par la Compagnie internationale des wagons-lits, annonçant la présence du Transsibérien à l'Exposition universelle de 1900, à Paris. Les visiteurs pouvaient souper dans les voitures exposées. Et pour compléter l'illusion du voyage, une toile

Dans les gares sombres et désolées, le chef de gare, coiffé de sa casquette rouge, sortait en courant quand la cloche tintait annonçant l'arrivée du train. Vêtu de fourrures, il se protégeait du froid en se cachant le visage. Dès que la cloche avait fait entendre les trois sonneries réglementaires, le train repartait, continuant sa route au milieu de cette vaste prairie blanche. C'était bien la Sibérie telle que la décrivaient les romanciers.

JOHN FORSTER FRASER, 1902

peinte déroulait derrière les vitres un paysage mouvant de montagnes, de rails, de ciels, d'isbas, de traîneaux.
Cet étonnant panorama avait été réalisé par les décorateurs de l'Opéra de Paris.
142 | Gare, sur le route du Transsibérien, Sibérie, photo Turot, vérascope, vers 1905.
143 | Petite gare typique de la ligne sibérienne, photo Turot, vérascope, vers 1905.
144 | Gare d'Irkoutsk, tête de pont du segment du Transsibérien central, mis en service en 1898 ; photo Chemin-Dupontès, vérascope, vers 1911.
145 | Vue de la taïga, depuis la fenêtre d'un wagon-lit du BAM.
146 | Intérieur d'une cabine d'un wagon-lit du BAM, entre Tynda et Severobaikalsk (sur la rive nord du lac Baïkal).
147 | Le Transsibérien stationnant sur les rives du lac Baïkal, photo Kritch, vérascope, vers 1905. Jusqu'en 1905 le passage du lac Baïkal se fait en bateau, d'une rive à l'autre, grâce à deux navires brise-glace spécialement construits en Angleterre : le Baïkal et l'Angara.
148-149 | Vladivostok, terminus oriental de la ligne du Transsibérien, vue panoramique, années 1880.
150 | Wagon-restaurant d'un transsibérien en gare de Vladivostok, 2004.
151 | Wagon-restaurant du transsibérien Rossiya en gare de Vladivostok, 2004.

Pendant que nous regardions, sur la vitre de la portière se dessinait, par suite du contraste de l'air froid du dehors avec l'air chaud du dedans, de légères arborisations couleur de vif-argent, qui bientôt croisent leurs rameaux, s'étalent en larges feuilles, forment une forêt magique [...]. Certes, rien n'est plus joli que ces ramages, ces arabesques et ces filigranes de glace si délicatement contournés par le doigt de l'hiver. [...] Pourtant, quand on les a contemplés une heure, on s'impatiente contre ce voile aux broderies blanches qui vous empêche d'être vu et de voir. [...] En France, nous eussions sans façon baissé le carreau ; mais en Russie c'eût été une imprudence peut-être mortelle : le froid, qui guette toujours sa proie, eût allongé dans le wagon sa monstrueuse patte d'ours polaire et nous eût souffleté de sa griffe.

THÉOPHILE GAUTHIER, 1859

152 | Voiture-restaurant, sur la ligne Vladivostok-Kharbin, années 1920. Cette voiture était à l'origine une voiture de voyageurs de la Compagnie internationale des wagons-lits. Elle fut transformée en wagon-restaurant à la suite de la nationalisation des biens de la Compagnie par le gouvernement bolchevik, en 1918.

153 | À gauche, brochure publicitaire japonisante destinée à promouvoir la route extrême-orientale du Transsibérien de la Compagnie internationale des wagons-lits. À droite, ameublement modern style de la voiture-salon du Transmandchourien.

154 | Transmandchourien à l'arrêt, tandis qu'un groupe de musiciens locaux jouent sur la voie, Chine, photo Zo d'Axa, vérascope, vers 1908.

155 | Gare de Nancha, sur la ligne du Transmandchourien.

156 | Arrivée en gare du Transmandchourien, Pékin, vers 1900.

157 | À quelques kilomètres de Pékin, par le chemin de fer, les touristes peuvent voir la Grande Muraille, 1928.

158 | Entrée d'un tunnel ferroviaire, Pékin, 1928.

159 | Le Transmongolien traversant le désert de Gobi.

Gare de Polomochnaia, vue depuis le Transsibérien, Sibérie, photo de Chemin-Dupontès, 14 mars 1903.

ПОЛОМОШНАЯ

Trois jours plus tard, je prends le train avec deux compagnons de route pour la capitale de la Sibérie extrême-orientale [...] Toujours remontant la vallée du Suifoun à travers les prés, nous arrivons au centre important de Nikolskoié. Les grands échafaudages d'une cathédrale en construction dominent seuls l'étendue des maisons de bois, basses, largement espacées dans la plaine. Sur le quai se presse une foule bigarrée : soldats russes, paysans sibériens, Coréens et Chinois. Nikolskoié est le point où le Transmandchourien oriental se détache de la ligne de l'Oussouri : les troupes y affluent de toutes parts. Autour de la gare toute une petite ville de bureaux et d'ateliers a surgi : on remarque tout de suite les locomotives transmandchouriennes, plus grosses, plus puissantes que celles de l'Oussouri, faites pour rouler plus vite sur des rails plus forts.

M. G. WEULERSSE, 1901

Le Transsibérien

Première grande Excursion de luxe en Russie

ORGANISÉE EN

TRAIN DE LUXE SPÉCIAL

PAR LA

Cie INTERNATIONALE DES WAGONS-LITS
ET DES GRANDS EXPRESS EUROPÉENS

Itinéraire

MOSCOU — NIJNI-NOVGOROD (VISITE DE LA FOIRE) — DESCENTE DU VOLGA EN BATEAU JUSQU'A SAMARA (VISITE DE KAZAN, CAPITALE ANCIENNE DU ROYAUME TARTARE) — TRAVERSÉE DE L'OURAL A PARTIR DE SAMARA EN TRAIN DE LUXE, LE TRANSSIBÉRIEN, VIA TCHELIABINSK ET TOMSK JUSQU'A KRASNOIARSK ET RETOUR A MOSCOU.

5 Août 24 Août 1898

EXPOSITION UNIVERSELLE DE 1900
COMPAGNIE INTERNATIONALE DES WAGONS-LITS
AU TROCADÉRO
TRANSSIBÉRIEN
PANORAMA MOUVANT
THÉÂTRE CHINOIS
Voyage de Moscou à Pékin
SERVICE DE REPAS SPÉCIAUX
DANS LE TRAIN DE LUXE
DE LA COMPAGNIE
RESTAURANTS
MOSCOVITES
et
CHINOIS
dans
les gares
de
MOSCOU
et de
PÉKIN
IMP. LEMERCIER, PARIS.

ТУЛУНЪ.
СБЕРЕГАТЕЛЬНАЯ КАССА.

ИРКУТСКЪ

RUSSKAYA
ОСИНКА

РЕСТОРАН
096
63733

РОССИЯ
РОССИЯ
084
11084
Иртыш
Иртыш
Иртыш
Иртыш
РОССИЯ
ОМСК-ВЛАДИВОСТОК

PRIÈRE D'EXIGER UNE NOTE POUR TOUTE SOMME VERSÉE
ПРИ УПЛАТѢ ПРОСЯТЪ ТРЕБОВАТЬ СЧЕТЪ

L'EXTRÊME-ORIENT
par le
TRANSSIBÉRIEN
Paris
Moscou, Vladivostock dans les trains de la Cie
des Wagons-Lits
(la voie la plus courte et la meilleure marché)
de PARIS en CHINE (Mandchouria)
en 13 jours
de PARIS au JAPON (Tsuruga)
en 17 jours
Le port de Tsuruga est le plus rapproché de toutes les villes du centre du Japon. 15 heures de chemin de fer le sépare de Yokohama.
PRIX TOTAUX des billets de 1re CLASSE et de SUPPLÉMENTS WAGONS-LITS
pour le JAPON au départ de PARIS :
PARIS à TSURUGA : 1262 fr. 65
PRIX de la NOURRITURE de MOSCOU à VLADIVOSTOCK
à raison de 3 repas par jour pendant 12 jours
92 fr. 50
Pour tous renseignements complémentaires s'adresser :
PARTOUT aux AGENCES de la Cie INTERNle des WAGONS-LITS
et lire le Guide Officiel : Sleeping Car.

问事处

158

1903 Le Mombasa-Nairobi

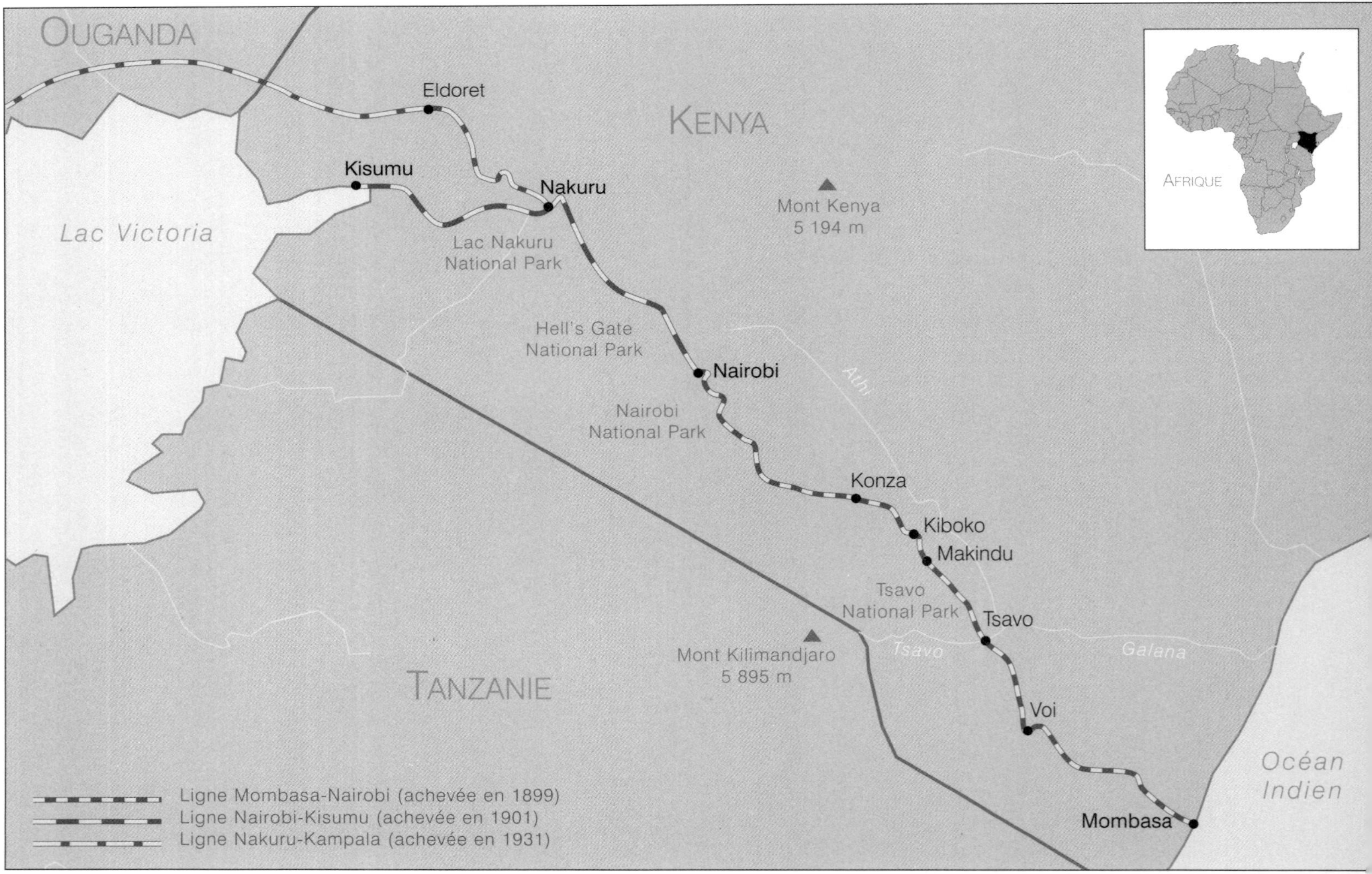

Ouganda
Kenya
Tanzanie
Afrique
Lac Victoria
Océan Indien
Eldoret
Kisumu
Nakuru
Lac Nakuru National Park
Mont Kenya 5 194 m
Hell's Gate National Park
Nairobi
Athi
Nairobi National Park
Konza
Kiboko
Makindu
Tsavo National Park
Tsavo
Galana
Mont Kilimandjaro 5 895 m
Voi
Mombasa
Ligne Mombasa-Nairobi (achevée en 1899)
Ligne Nairobi-Kisumu (achevée en 1901)
Ligne Nakuru-Kampala (achevée en 1931)

« Combien cela va-t-il coûter ? Il n'y a pas de mots pour le dire ! Quel est l'objectif ? Aucun individu sensé ne peut l'envisager. D'où partira-t-on, où arrivera-t-on ? Nul ne le sait. À quoi cela servira-t-il ? Mystère ! Que transportera-t-on ? Personne n'en a la moindre idée. Mais en dépit des orgueilleux discours de George Curzon, on sait au moins que cette ligne de chemin de fer n'est rien d'autre qu'une *Lunatic Line*. » Voilà ce qu'on lit dans le *London Truth Magazine* de l'année 1896. Le Royaume-Uni est divisé sur l'idée de cette voie ferrée reliant l'Ouganda au port kenyan de Mombasa, dont on vient tout juste de commencer la construction. Les conservateurs – parmi lesquels Lord Curzon (qui sera vice-roi des Indes en 1898) – veulent cette ligne à tout prix. Il s'agit non seulement de donner à l'Ouganda un accès à la mer, mais aussi d'affermir le contrôle de l'Empire britannique sur la moitié orientale de l'Afrique. Les députés radicaux, quant à eux, sont tout à fait hostiles à ce projet trop coûteux, trop périlleux, en un mot complètement fou : *lunatic* !

Lunatic line ! Ligne folle ou ligne de fous. Il faut dire qu'en 1896, elle mérite bien son nom, partant de Mombasa pour rejoindre le lac Victoria, un peu au hasard, dans l'immensité du Kenya dont on ne connaît pas grand chose. Moins de quinze ans plus tôt, on ignorait encore par quel chemin rejoindre le lac Victoria. D'ailleurs, c'est ce que cherchait l'explorateur allemand Gustav Fisher quand, en 1882, les Masaï massacrèrent les membres de son expédition. Mais les terribles guerriers n'arrêteront qu'un temps l'avancée de l'homme blanc…

Les travaux commencent. Très lentement. En un an, la voie ferrée n'a pas progressé de plus d'une quarantaine de kilomètres. Il a d'abord fallu traverser la plaine désertique du Taru : toute l'eau fraîche, jusqu'à la dernière goutte, dut être acheminée depuis Mombasa jusqu'aux divers camps de terrassement. Les hommes sont fatigués, malades de dysentrie, et les termites dévorent les traverses placées la veille. Mars 1898. Le chemin de fer a désormais atteint la rivière Tsavo. Reste à construire un pont pour la franchir mais le chantier est aussitôt arrêté. Les ouvriers s'en vont, par centaines : qui voudrait demeurer sur ce campement de Tsavo hanté, quotidiennement, par deux lions mangeurs d'hommes ? Deux grands mâles que l'on entend rugir dans la nuit et qui vont dévorer, en neuf mois, à peu près 140 porteurs et ouvriers du rail. Rien n'y fait, ni les grands feux qu'on allume autour du chantier, ni les clôtures d'épines, ni les pièges, rien ! Dans l'épouvante des jours qui passent, Ténèbres et Fantôme – car les deux lions ont désormais un nom – se taillent une légende d'invincibilité. Pourtant il faut coûte que coûte terminer le travail et l'ingénieur en chef, le lieutenant colonel John Patterson, va s'employer à éliminer les tueurs. Il y mettra le temps mais il finit par abattre le premier lion le 9 décembre 1898 (trois mètres de long, de la tête à la queue !) et le second trois semaines plus tard. Le pont sera achevé un an après. Le devoir accompli, Patterson tirera quelques bénéfices de cette épouvantable aventure : quatre best-sellers, des conférences partout dans le monde… et une vente bien négociée. En 1924, il propose en effet la dépouille de ses deux lions au Field Museum de Chicago qui les lui achète relativement cher. Trop cher… Les peaux arriveront mitées, déchirées par les balles et les sagaies et découpées en descente de lit : il faudra tout le talent des taxidermistes pour redonner de l'allure à Fantôme et Ténèbres, qui sont encore exposés, de nos jours, dans une galerie du musée américain.

Au drame de Tsavo s'en ajoutèrent beaucoup d'autres, comme celui – lui aussi très célèbre – du surintendant Ryall qu'un lion est allé dévorer en gare de Kima, jusque dans son wagon (le véhicule tragique étant exposé au musée du chemin de fer de Nairobi). Cette prolifération de fauves mangeurs d'hommes n'était pas ordinaire. Nul doute que les nombreux cadavres que le chemin de fer laissait derrière lui – vite ou pas ensevelis – attiraient ces prédateurs. Car cette aventure ferroviaire coûta tout de même la vie à 2 500 ouvriers, sans parler des 6 000 blessés… La férocité des lions était également attisée par l'épizootie qui ravageait à l'époque tout le pays, décimant le gibier ordinaire des fauves : gazelles, zèbres ou antilopes. La même maladie dévastait aussi les troupeaux des Masaï, répandant la famine parmi ces populations déjà atteintes par l'arrivée simultanée d'autres difficultés dont une guerre intestine. Pour les Anglais, c'est le moment ou jamais d'obtenir de ces tribus, très affaiblies, un droit de passage pour leur train. L'autorisation est accordée. En fait, les Masaï ne faisaient qu'accepter l'inévitable : leur mythologie n'évoquait-elle pas, depuis la nuit des temps, la venue d'un « serpent de fer » qui un jour ramperait sur leurs terres et mettrait fin à tout ?

En mai 1899, les constructeurs dressent leur camp de base sur un petit lopin de terre marécageuse appelé *Uaso Nairobi* (« Rivière d'eau froide »). Deux ans plus tard, on y transfère les quartiers généraux de l'administration coloniale britannique jusque-là installés à Mombasa. En 1901, la ligne atteint le lac Victoria en un point appelé Port Florence, que l'on rebaptisera plus tard Kisumu. Le travail n'est cependant pas tout à fait achevé, surtout dans les hautes terres – ensemble monumental traversé de vallées vertigineuses – où les viaducs permanents sont encore à bâtir. Enfin, en 1903, la ligne est opérationnelle du lac à l'océan Indien, soit près de 1 000 km de rails. Pour la liaison avec Kampala, capitale de l'Ouganda, il faudra attendre un peu : elle ne sera réalisée qu'en 1931.

La construction du chemin de fer révèle de nouvelles terres, potentiellement très riches. Les colons européens affluent, dès les années 1910, installant les premières fermes aux environs de Nairobi, à Naivasha ou au pied du Ngong, dans ce « paysage dépouillé, aux lignes allongées et pures » où vivra Karen Blixen pendant près de vingt ans. Le besoin de terres fertiles restreint l'aire des Masaï bientôt cantonnés dans deux réserves, de part et d'autre de la ligne de chemin de fer. Peu de temps après, ils seront également expulsés de la réserve du Nord. L'histoire prend le train, pour le meilleur et pour le pire…

Que reste-t-il aujourd'hui de la *Lunatic Line*, qui fut autrefois l'artère principale de l'Afrique de l'Est ? La liaison directe avec Kampala est suspendue jusqu'à nouvel ordre. Mais les chemins de fer du Kenya assurent un service régulier de passagers entre Kisumu et Nairobi, Nairobi et Mombasa. Les retards sont fréquents, habituels mais explicables : le chemin de fer du Kenya est composé d'une seule et unique voie ; il suffit d'un troupeau d'éléphants installé au milieu des rails ou d'un déraillement quelque part, n'importe où, et le trafic national est interrompu. Trois fois par semaine, il y a un train de nuit Nairobi-Mombasa et inversement. Couchettes, cabines, wagon-restaurant délicieusement suranné – avec acajou, argenterie, serveurs en gants blancs et la *british touch* conjuguée à la gentillesse africaine : c'est le train préféré des touristes malgré les 13 heures de route (pour 530 km). Encore faut-il réserver à l'avance car il est toujours complet. D'ailleurs tous les trains, au Kenya, sont toujours complets. C'est que la *Lunatic Line* a beau être folle, elle reste, à ce jour, le moyen de transport le plus sûr du pays.

Mais ma mauvaise humeur s'estompa peu à peu dans le train qui allait de la côte jusqu'aux Hautes Terres, un voyage agrémenté de déraillements épisodiques (trois, pour être précis, entre Mombasa et Nairobi). [...] Je me réveillai pendant la nuit et tirai ma couverture sur moi ; après tant de semaines, c'était une sensation nouvelle que de ne pas être en nage.
Le lendemain matin, je troquai le coton croisé blanc pour de la flanelle grise. Nous arrivâmes à Nairobi un peu avant l'heure du déjeuner.

EVELYN WAUGH, 1930-1931

160 I Enfant marchant le long de la *Lunatic Line* dont la voie unique, d'un seul élan, et pratiquement sans aucun aiguillage, s'élance des régions de l'océan Indien jusqu'au lac Victoria. Le trafic est aujourd'hui si limité que la voie est libre la plupart du temps et que les piétons l'empruntent sans crainte.

169 I Locomotive en gare de Mombasa, voyage Alluaud en Afrique orientale anglaise (actuel Kenya), vérascope, 1908-1909. Le chemin de fer kenyan a bénéficié en ses débuts du matériel et des méthodes extrêmement bien rodés de l'Inde britannique (dotée d'un réseau ferré depuis les années 1850). D'ailleurs, le premier personnel d'encadrement est constitué de fonctionnaires indiens très expérimentés, et l'on peut dire qu'à plus d'un titre, le chemin de fer kenyan a été conçu sur le modèle indien. La largeur des voies, par exemple, était identique, de part et d'autre de l'océan Indien : il s'agissait, en cas d'urgence, de pouvoir importer de Bombay des locomotives immédiatement opérationnelles.

170 I Départ du train pour l'Ouganda, gare de Mombasa, voyage Alluaud en Afrique orientale anglaise, vérascope, 1908-1909. À l'époque, il n'y a pas encore de ligne directe pour l'Ouganda (le tronçon de voie Nakuru-Kampala ne sera achevé qu'en 1931). Cependant un service de ferries permettait d'y accéder depuis Kisumu, au bord du lac Victoria.

Plusieurs de mes amis étaient venus me dire adieu à la gare [...]. La plupart des Somalis de Nairobi étaient sur le quai. L'énorme Abdullah, le grand trafiquant de bestiaux, s'avança et me remit une bague en argent avec une turquoise destinée à me porter bonheur.
Bilea, le serviteur de Denys, me demanda gravement de saluer le frère de son maître chez qui il avait habité autrefois en Angleterre.
Farah me raconta dans le train que les femmes somalies s'étaient rendues en rickshaw à la gare, mais lorsqu'elles avaient vu tant de Somalis rassemblés, elles n'avaient pas eu le courage d'avancer et elles étaient reparties sans rien dire.
Gustav Mohr m'a serré la main alors que j'étais déjà dans le train. Maintenant [...] le train s'ébranlait – il était même en marche [...].

KAREN BLIXEN, 1937

171 ı Locomotive de type « Mountain », dépôt de Nairobi, 1976. Ces « Mountains » étaient les plus grosses locomotives à vapeur du réseau de l'East African Railways. C'est la raison pour laquelle elles ne roulaient qu'entre Nairobi et Mombasa, la seule portion de ligne assez résistante pour supporter leur poids, énorme. Ces machines furent utilisées pour tracter les trains de passagers de 1955 (date à laquelle elles furent fabriquées) à la fin des années 1960, au moment où les premières locomotives diesel furent introduites.
172 ı Entretien des locomotives à vapeur au dépôt de Thika. Les locomotives à vapeur des chemins de fer du Kenya reprennent depuis quelques années du service pour assurer ponctuellement des circuits touristiques. Ainsi, elles tractent les Steam Safari Trains qui, dans un grand panache de vapeur, emmènent les visiteurs à la découverte des parcs nationaux kenyans.
173 ı Locomotive à vapeur du type Beyer Garratt 6010, en réparation au dépôt de Nairobi.
174 ı À bord du train de nuit Nairobi-Mombasa, l'argenterie de la voiture-restaurant, 1984. Chaque pièce est encore estampillée EAR, East African Railways. La *Lunatic Line*, gérée à sa création par la compagnie des chemins de fer de l'Ouganda (Uganda Railways), fera plus tard partie du réseau de l'East African Railways (les chemins de fer

de l'Afrique orientale) jusqu'à la création, en 1978, de l'actuelle société des chemins de fer du Kenya.

175 ı Convoi du Nairobi-Mombasa longeant des terres cultivées, 1984.

176-177 ı Troupeau d'éléphants sauvages observé depuis les fenêtres du Nairobi-Mombasa, 1984. Si l'on prend le train du soir dans le sens Mombasa-Nairobi, on a peu de chances de pouvoir observer des animaux sauvages. Le train démarre à 19 h et comme la nuit tombe vite, on passe le parc national de Tsavo sans rien voir. Dans le sens Nairobi-Mombasa, en revanche, c'est en prenant le petit-déjeuner qu'on peut découvrir, à l'aube, girafes, impalas, autruches...

178-179 ı Voiture-restaurant du Nairobi-Mombasa et service des vins, 1984. Le charme d'une nuit sur le Nairobi-Mombasa (qui aujourd'hui porte le nom de Jambo Kenya Deluxe) tient pour beaucoup à l'ambiance délicieusement surannée de la voiture-restaurant, fabriquée dans les années 1950, à Birmingham. La vaisselle et l'argenterie sont garanties d'origine mais constituent – en coulisses – un vrai casse-tête pour le personnel. Aucune fourchette perdue, aucune porcelaine brisée n'est jamais remplacée, de sorte qu'il devient très difficile de réunir toutes les pièces nécessaires à chaque convive et qu'il arrive qu'on presse un peu certains dîneurs pour récupérer les couverts qui manquent...

180 ı Gare de Nairobi, voyage Alluaud en Afrique orientale anglaise, vérascope, 1908-1909. Dix ans avant que cette photo ait été prise, cette gare n'existait pas. Nairobi n'était encore qu'un lieu-dit connu des seuls Masaï et parcouru d'une petite rivière. C'est au bord de ce cours d'eau qu'un dépôt ferroviaire fut établi. En 1901, la capitale du protectorat britannique est déplacée de Mombasa à Nairobi pour permettre un contrôle plus efficace des régions intérieures.

181-182 ı Locomotives de type « Mountain » au dépôt de Nairobi, septembre 1976.

183 ı Arrivée des voyageurs et déchargement des bagages en gare de Nairobi, voyage Alluaud en Afrique orientale anglaise, vérascope, 1908-1909.

184-185 ı En plein désert du Taru, la voie unique de la *Lunatic Line*, 1984. On ne peut s'empêcher de repenser aux mythes ancestraux des Masaï qui annonçaient la venue d'un grand serpent de fer rampant sur les terres d'Afrique.

186 ı Locomotive faisant sa provision de bois, Samburu, photo Alluaud,vérascope, 1904. Le train passe ici sur une branche de la *Lunatic Line* orientée vers le nord et le mont Kenya. La région de Samburu est, de nos jours, une réserve nationale.

187 ı Steam Safari Train stationnant à Fort Ternan, le 22 septembre 2005. Ce train pour touristes, mis en service une fois par mois entre Nairobi et Naivasha, est tracté par une locomotive à vapeur 3020. On la voit ici refaisant le plein d'eau : elle en consomme environ 30 000 litres dans la journée.

188 ı Train pour touristes quittant Moshi, terminus de la ligne secondaire partant de Voi vers la Tanzanie, septembre 1976. Moshi est situé en Tanzanie, au pied du Kilimandjaro dont on aperçoit la silhouette enneigée.

189 ı Safari Train stationnant à Kipkelion , 22 septembre 2005. La locomotive à vapeur a autant de succès auprès des touristes que des habitants de la région.

190 ı Gare de Lumbwa (entre Nairobi et le lac Victoria) et guerriers masaï, photo Alluaud, vérascope, vers 1904.

191 ı Arrivée de l'East African Steam Safari à la gare de Chemelil, 29 septembre 2005.

19340 FT
MOUNT KILIMANJARO

6010

E.A.R.&H.

CALVET
GRAVES
GRAVES
PRODUCE OF FRANCE
L'AUBERGE
ROUGE

NAIROBI

5914
5928

186

3020

LUMBWA

3020
CHEMEL

GNIE INTERNATIONALE DE
TRAIN BLEU
PARIS NICE VENTIMIGLIA
F5 3519
RIC
TARE 50
TARE
FREIN A VIS

1922 Le Train bleu

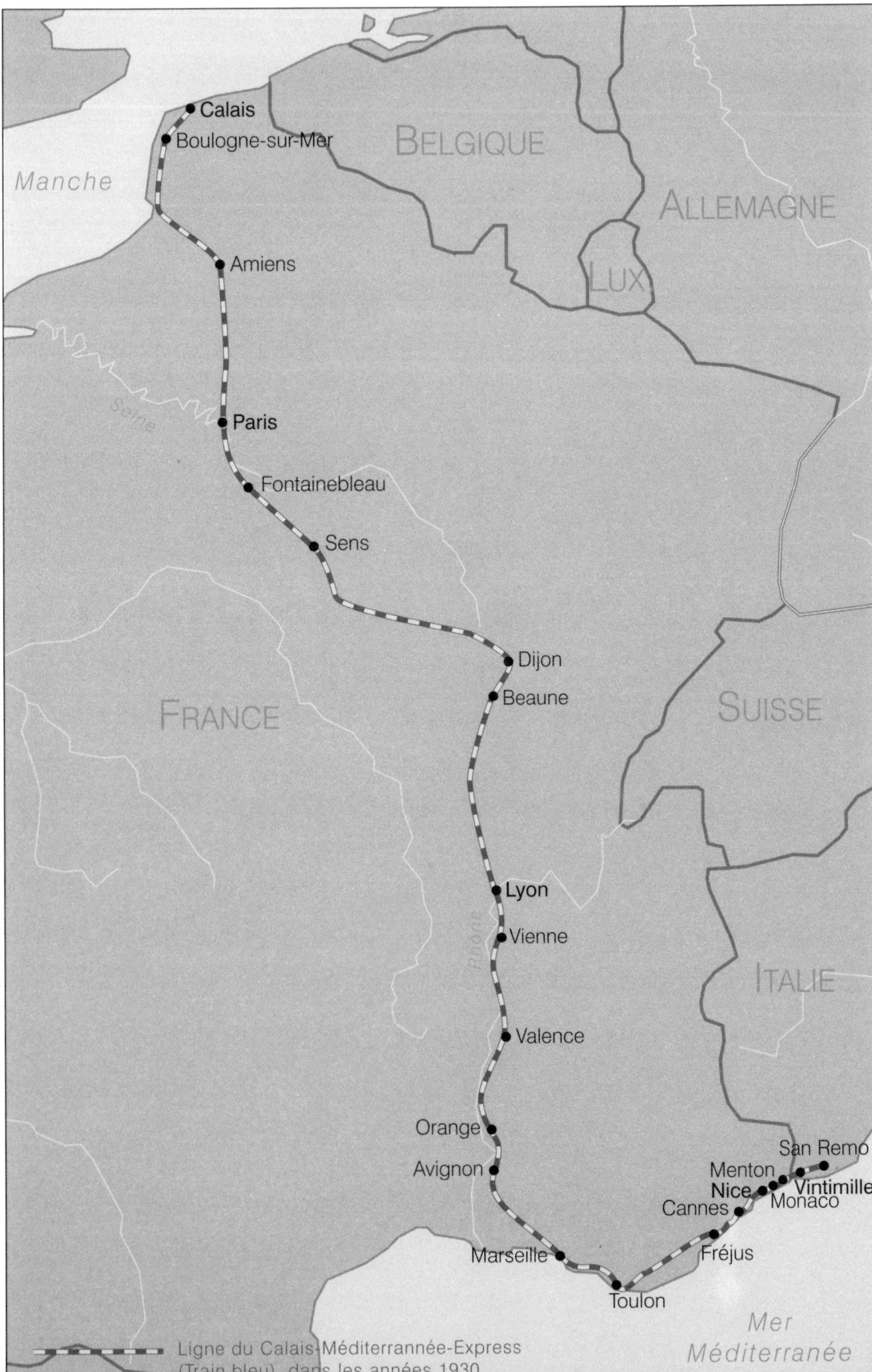
Manche
Belgique
Allemagne
Lux
France
Suisse
Italie
Mer Méditerranée
Seine
Rhône
Calais
Boulogne-sur-Mer
Amiens
Paris
Fontainebleau
Sens
Dijon
Beaune
Lyon
Vienne
Valence
Orange
Avignon
Marseille
Toulon
Fréjus
Cannes
Nice
Menton
Monaco
Vintimille
San Remo
Ligne du Calais-Méditerranée-Express
(Train bleu), dans les années 1930

Le Train bleu ne fut certes pas le seul grand express de la Riviera. Il y en eut beaucoup d'autres. De plus énigmatiques, comme le Calais-Nice-Rome-Express où l'on croisait les nonces du Pape et où l'on dégustait des petits pois frais en plein hiver (cueillis à Corfou, achetés à Brindisi et expédiés à Calais par la Malle des Indes...). De plus excentriques, comme le Saint-Pétersbourg-Vienne-Nice-Cannes-Express qui, à partir de 1898, déverse quotidiennement son lot de grands-ducs sur la Côte d'Azur. De plus mystérieux, comme le Riviera Express, créé en 1900 et dont la riche clientèle fuit les brumes d'Amsterdam et les hivers de Berlin.

Cependant aucun de ces grands express n'eut jamais le prestige du Train bleu, chic et feutré, avec un nom couleur de ciel, assorti à celui de cette Côte d'Azur dont il partagea le succès.

Un succès assez tardif et bien improbable car personne n'aurait pu deviner que le littoral de pêcheurs – parfaitement ignoré – qui s'étendait de Marseille à Menton deviendrait le séjour favori de ce que l'on appellera la *train-society*. Les Anglais sont les premiers à découvrir nos rivages méditerranéens, s'émerveillant de leur beauté et de leur douceur hivernale. Dès lors, aussitôt que le brouillard envahit Londres, tout ce que l'Angleterre compte d'élégant et de fortuné migre vers ces régions qu'embaument les mimosas. Lord Brougham, ancien chancelier du Royaume-Uni, lance la mode, s'installant à Cannes dans les années 1840. L'aristocratie suit, avec la bénédiction de la reine Victoria qui vient elle-même passer ses hivers à Nice, au Riviera-Palace. Les express de la Riviera désormais se multiplient : toute l'Europe veut sa part de soleil hivernal. Pour offrir aux passagers les meilleures conditions de confort, on revoit les itinéraires, on ramifie les lignes. C'est ainsi que le Calais-Nice-Rome-Express – lancé en 1883 et qui fut le premier à relier l'Angleterre à l'Italie par la Riviera – est dédoublé en 1889. Il donne alors naissance au Calais-Rome et au Calais-Méditerranée-Express. Le premier, passant par le tunnel du Mont-Cenis, deviendra le célèbre Rome-Express. Le second gagnera le surnom de « Train bleu ».

De fait, en 1922, le Calais-Méditerranée-Express devient bleu. Ses voitures, jusque-là en bois de teck verni, sont maintenant en acier poncé, satiné et peint en bleu à filet d'or. Évidemment cette nouvelle livrée, dès le jour de l'inauguration, suggère le surnom de « Train bleu », qui est plus tard repris par les passagers ou bien abrégé par les habitués qui diront le « Bleu », tout simplement. Pas aussi évident pour l'administration ferroviaire : le Calais-Méditerranée-Express ne sera officiellement appelé Train bleu qu'à partir de 1949. Toutefois, ce nouveau matériel ne se résume pas à une histoire de couleur ou de nom. Remplacer le bois par de la tôle d'acier présentait d'immenses avantages : en cas de déraillement, de collision, les nouvelles voitures tiendraient le choc là où les précédentes volaient en éclats. Plus de sécurité donc, mais plus de confort aussi avec des innovations comme le single, ou compartiment pour passager voyageant seul... tous les cas de figures étant envisagés, même les rencontres fortuites : ces cabines pouvaient communiquer entre elles. Bref, tout ce qui fera la légende du Train bleu est déjà en place. Ajoutons la moelleuse suspension des voitures montées sur 40 ressorts, l'éclairage électrique (même les marchepieds sont éclairés lors de l'arrêt en gare), les couloirs d'acajou, et l'on comprendra que ce beau bleu à filet d'or devienne la couleur même du luxe. Au point que la Compagnie des wagons-lits se met alors à tout repeindre en bleu, même ses anciennes voitures en teck. Le nouvel express a immédiatement ses inconditionnels, même outre-Atlantique : les héroïnes de Fitzgerald réservent leur place sur le Train bleu depuis le paquebot qui les amène en France. Un bémol pourtant : le train n'est en service que de novembre à mai. À l'aube des Années folles, cette restriction est complètement obsolète car la clientèle ne se contente plus de passer l'hiver sur la Côte d'Azur ; l'été aussi devient très à la mode. Du coup, en 1929, le Train bleu est réaménagé. La décoration – laque et galuchat – prend un coup de frais tandis qu'un petit ventilateur placé à la tête des couchettes annonce les chaleurs estivales. C'est cela la grande nouveauté : le célèbre express de la Riviera est désormais en service toute l'année, quotidiennement, dans les deux sens. Compte tenu de la fréquentation anglaise – qui sera toujours très importante sur ce train – c'est à Londres, à Victoria Station, que chaque jour commence le voyage. Le départ se fait dans le courant de la matinée ; vers midi, on arrive à Folkestone où l'on prend le ferry. Le temps de traverser la Manche (tout dépend de l'état de la mer), on est à Calais en début d'après-midi : le Train bleu, tous cuivres astiqués, attend à quai. Il faut trois heures environ pour gagner Paris-Nord. Là, le train repart en marche arrière et fait le tour de la Petite Ceinture de Paris, jusqu'à la gare de Lyon où embarquent les passagers parisiens.

Le personnel est en place, chaque conducteur devant sa voiture, en uniforme marron à galons dorés. Règle d'or : le départ est à 19 h 30. Tout au long de la carrière du Train bleu, la Compagnie des wagons-lits a parfois expérimenté d'autres horaires. Mais définitivement, 19 h 30, c'est parfait. Cela laisse aux voyageurs le temps de découvrir leur cabine, de s'y installer et de se changer pour dîner, tout cela avant que ne retentisse dans les couloirs la clochette du premier service. Au wagon-restaurant, qu'éclaire la lumière rose des petits abat-jour de soie, le repas est servi tandis qu'on traverse Fontainebleau et Sens. Pendant ce temps, l'équipe de conduite pousse les machines à fond : la rampe du seuil de Bourgogne est très sévère et ces trains de luxe sont excessivement lourds (environ 600 tonnes dans les années 1930). Sur la locomotive à vapeur, le chauffeur doit enfourner une pelletée de charbon toutes les deux ou trois secondes. Il y a d'autres passages difficiles sur cette ligne, comme la rampe de Carnoules entre Marseille et Vintimille, sans compter le mistral qui, quand il souffle fort, peut paraît-il arrêter un train. Bref, sept locomotives (et autant d'équipes) se relaient pour tracter le Train bleu jusqu'à destination. À bord, les passagers endormis poursuivent leur soyeuse traversée. Puis le jour se lève, c'est Marseille, le viaduc de Toulon à l'heure du petit-déjeuner – toasts et œufs brouillés. C'est l'arrivée merveilleuse, avec les torrents de bougainvillées dégringolant de chaque côté des rails, les rochers rouges de l'Esterel flambant au soleil. À 11 h, on arrive à Nice. À midi et demi c'est Vintimille, le terminus.

Dès les années 1950, la concurrence de l'avion et de la route commence à se faire sentir. Le Train bleu sera momentanément sauvé par le festival de Cannes et les jolies starlettes qui se font photographier aux fenêtres des wagons. Cependant l'ère des TGV est déjà en route et lui sera fatale. Tout va se dégrader, insensiblement. En 1974, le premier service du dîner est servi en gare de Lyon, avant le départ… pour gagner du temps. Vers minuit, le wagon-restaurant est décroché : c'en est fini des petits-déjeuners du côté de Toulon ! Par d'obscurs calculs de rentabilité, on accroche au Train bleu des voitures-couchettes ordinaires que l'on finit, peu à peu, par substituer aux voitures bleues. Puis, ce sont les voitures-salons et les voitures-restaurants qui tout à coup disparaissent ; elles seront remplacées par une voiture SNCF… rouge ! Le Train bleu perd alors, définitivement, ses couleurs pour entrer dans la légende.

Mais nous voici en route pour Nice. Adieu les brumes et les froids du Nord ! Le printemps règne en souverain. Les orangers ploient sous le poids de leurs fruits ; les oliviers, les figuiers, les dattiers sont en pleine floraison ; les palmiers balancent leur panache, les aloès grimpent sur le bord des routes. Il y a, le long du chemin de fer, des haies de rosiers en fleurs et des champs de résédas et de violettes qui embaument. La voie ferrée longe presque tout le temps la mer, et de si près que l'on semble parfois rouler sur les flots bleus. Les golfes, les caps, les baies se succèdent ; la côte a des mouvements capricieux de serpent qui se plie et se replie ; chaque fois, c'est un aspect nouveau.

LUCIEN SOLVAY, 1882

192 | Départ pour le festival de Cannes, Train bleu, 1959. On reconnaît aux fenêtres du wagon quelques personnalités de la Nouvelle Vague parmi lesquelles Laurent Terzieff, Gérard Blain, Claude Chabrol, Roger Vadim, Annette Stroyberg.

205 | Étiquette à bagages du Train bleu, lors de sa première mise en service, en 1922. La correspondance avec Londres y est indiquée ainsi que la petite incursion en Italie par Vintimille et San Remo. Curieusement, on constate ici que les documents édités par la Compagnie des wagons-lits utilisent déjà le nom de « Train bleu » qui ne sera pourtant officialisé qu'en 1949.

206 | Plafonds du restaurant Le Train bleu, gare de Lyon, Paris. Ce restaurant fut édifié en même temps que la gare (1895-1902), en vue de l'Exposition universelle de 1900 et pour le compte de la Compagnie PLM (Paris-Lyon-Marseille). Les motifs peints entre les moulures dorées de la salle à manger évoquent les villes desservies par la Compagnie. Paysages ensoleillés, œillets et mimosas, petits ports pittoresques : le restaurant, très prisé par la clientèle britannique, était déjà une étape sur le route de la Riviera. L'établissement est classé monument historique depuis 1972.

207 | Bar du Côte-d'Azur-Pullman, autre luxueux train de la Compagnie des wagons-lits qui assurait le trajet diurne sur la ligne Paris-Vintimille,

La chaleur était suffocante, dans le compartiment de première classe. Les affiches bariolées des compagnies de chemin de fer – représentant le pont du Gard, le théâtre d'Orange, les sports d'hiver à Chamonix – donnaient une plus grande impression de fraîcheur que l'immense mer immobile, de l'autre côté de la vitre. Contrairement aux trains américains, pénétrés de leur propre destin de bolides, qui n'ont que mépris pour le monde extérieur, trop lent à leur gré et trop vite essoufflé, ce petit train entretenait d'étroites relations avec le pays qu'il traversait. Il éparpillait, en passant, la poussière des palmiers, mêlait ses escarbilles aux fumures des jardins. Rosemary se disait qu'en se penchant un peu elle pourrait toucher les fleurs.

F. Scott Fitzgerald, 1933

années 1930. À bord de ce train, le bar – installé dans une partie de la voiture-restaurant – fonctionnait semble-t-il comme une sorte de club, uniquement fréquenté par la clientèle masculine. Il n'aura jamais le prestige de l'authentique bar du Train bleu, ouvert en 1951.

208 | Publicité anglaise pour le nouveau « Calais-Méditerranée-Express » (ou « Train bleu »), années 1920. L'une des grandes innovations du Train bleu est le single ou compartiment conçu pour une personne seule. La publicité montre ici la couchette en position jour et en position nuit, illustrant également le confort de l'éclairage électrique : chaque compartiment était équipé d'une veilleuse bleue et d'une lampe de chevet.

209. Deux affiches publicitaires pour le Train bleu. Celle de droite, éditée par les compagnies du Nord, du PLM et des wagons-lits fait la promotion du « nouveau » Train bleu inauguré en 1929. Cette année-là, le parc des voitures du Train bleu est renouvelé avec la livraison de 90 voitures-lits décorées par Maple, Morisson, Nelson et Prou.

210. À gauche : couloir lambrissé d'acajou Train bleu, 1922. Dans ces voitures en acier, l'usage du bois est désormais réservé aux décors intérieurs. À droite : panneau décoratif réalisé, à l'origine, pour les voitures-salons du Côte-d'Azur-Pullman-Express. C'est le célèbre joaillier et verrier René Lalique qui, en 1928, a conçu ce décor :

Le lendemain matin, Catherine se réveilla dans une lumière éblouissante. De bonne heure, elle se rendit au wagon-restaurant pour déjeuner [...]. Lorsqu'elle rentra dans son compartiment, tout y avait été remis en ordre par un employé à la face mélancolique [...]. L'homme se retira en lui disant :

— Nous avons un peu de retard. Je vous préviendrai lorsque nous approcherons de Nice.

Catherine le remercia. Assise près de la fenêtre, elle contemplait le panorama. Les palmiers, la mer d'un bleu intense, le mimosa d'un jaune étincelant offraient tout le charme de la nouveauté à cette jeune fille d'Albion qui, depuis quatorze ans, n'avait pas quitté l'Angleterre.

AGATHA CHRISTIE, 1928

bois de platane incrusté de bouquets de fleurs en pâte de verre.

211 I Une des voitures-salons du Côte-d'Azur-Pullman-Express, années 1930. Dans ces trains de jour, l'atmosphère est très différente de celle des trains de nuit. Ainsi quand, à l'heure des repas, les voyageurs du Train bleu migrent vers la voiture-restaurant, ceux du Côte-d'Azur-Pullman-Express attendent qu'on les serve à leur place. Lors du voyage inaugural, le 9 décembre 1929, ils dégusteront – sans bouger de leur siège ! – de la selle de veau Orloff, du pâté de canard périgourdine, le tout arrosé d'un meursault Goutte d'Or 1923 et d'un champagne Mumm Cordon rouge de la même année.

212 I Bar du Train bleu, années 1950. En 1951, une des belles voitures-salons du Côte-d'Azur-Pullman-Express – qu'ornent les bouquets de Lalique (voir p. 210-211) – est incorporée au Train bleu et transformée : une moitié est aménagée en salle à manger, l'autre en bar. Ce bar du Train bleu, au moins aussi célèbre en son temps que celui du Ritz, sera le rendez-vous de l'élite internationale jusqu'en 1976.

213 I Voiture-bar du Train bleu, restaurée par la Compagnie des wagons-lits et aujourd'hui classée monument historique. Cette voiture ainsi que sept autres – tout aussi prestigieuses – composent désormais le train Pullman Orient Express, lequel propose aux nostalgiques des

EIN NEUER
"TRAIN BLEU"
UN NOUVEAU
TRAIN BLEU

LES NOUVELLES
VOITURES-LITS
DE LA
COMPAGNIE INTERNATIONALE
DES WAGONS-LITS ET DES
GRANDS EXPRESS EUROPÉENS
CALAIS - MÉDITERRANÉE
EXPRESS
HIVER
1922-23

beaux sleepings toutes sortes d'évènements ou de voyages à la carte.

214 | Triptyque de René Lalique, conçu à la fin des années 1920 pour les voitures-salons du Côte-d'Azur-Pullman-Express : acajou de Cuba orné de pâte de verre à motifs de raisins et de naïades.

215 | Restaurant du Train bleu, années 1950. Ce restaurant, depuis la création du train, posait problème. Afin de ménager plus d'espace pour les dîneurs, les voitures-restaurants du Train bleu ne comprenaient que 42 places contre 52 ou 56 sur les autres trains. De sorte qu'il fallait organiser deux services et qu'une moitié des passagers se plaignait de devoir attendre avant de dîner. Ce problème est résolu en 1951 par l'ajout de la voiture-salon composée d'une salle à manger auxiliaire et du fameux bar où l'on patientait agréablement, un verre à la main.

216 | Passagère installée dans une voiture du Côte-d'Azur-Pullman-Express, années 1930.

217 | Escaliers monumentaux de la gare Saint-Charles, Marseille. En général, les passagers prenaient leur petit-déjeuner quand le Train bleu arrivait à Marseille, où il s'arrêtait un moment, le temps de changer de locomotive. Mais parfois on prenait le café matinal un peu plus tard, en passant sur le viaduc de Toulon.

218 | À gauche : passagères prenant le thé dans leur compartiment, années 1930. À droite : affiche publicitaire de Charles Hallo destinée à la

À trente ans, je ne connaissais pas encore Nice, ni Monte-Carlo. Cependant ma première arrivée dans la Midi m'a dotée d'un souvenir égal en force aux souvenirs de la petite enfance. [...] Je me rappelle qu'au jour levant, passé Marseille, un certain bleu teignit l'horizon, un bleu compact, solide, fermement apposé contre le ciel presque blanc. La voile neuve d'une barque le mordit, étincela, disparut. Une nappe de violet brûlant coula sur des murs jaunes, le long du train ralenti, et quelqu'un m'apprit le nom de cette lave fleurie : « bougainvillées ». Puis je vis, parmi leur feuillage raide et vernissé que le vent respecte, cent lumières sphériques, chacune un peu renflée sur son équateur. La même voix m'enseigna : « les mandarines » ; au même moment un rideau de lauriers-roses et de mimosas couvrit tout, troué de soleil [...].

Colette, 1932

clientèle anglo-saxonne qui lance la mode des vacances d'été sur la Côte d'Azur ; à partir de 1929, le Train bleu qui, jusque-là, ne fonctionnait que de novembre à mai, est en service toute l'année.

219 I Paysage de la Côte d'Azur, vers 1895. Après Marseille, la ligne offre des points de vue magnifiques, longeant la mer sur la majeure partie du parcours.

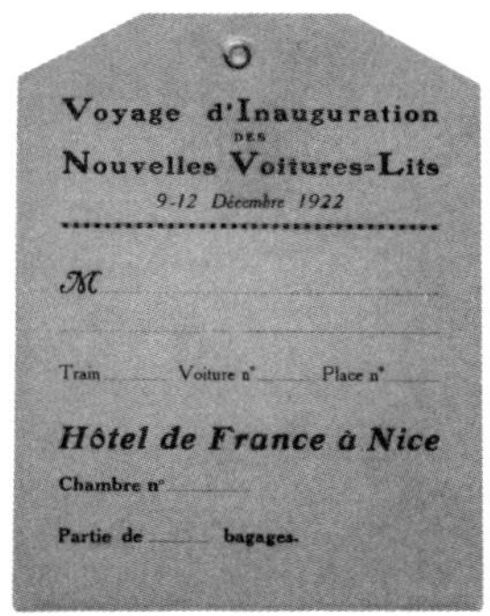
Voyage d'Inauguration
des
Nouvelles Voitures-Lits
9-12 Décembre 1922

M

Train ...... Voiture n° ...... Place n° ......

Hôtel de France à Nice

Chambre n° ......

Partie de ...... bagages.

D'un pas tranquille, il remonta St James Street et se dirigea vers Picadilly Circus. En passant devant les bureaux de Cook & Sons, [...] il entra [...] et se présenta au guichet.

— Je voudrais aller à Nice la semaine prochaine et je désire quelques renseignements.

— Quel jour voulez-vous partir, monsieur ?

— Le quatorze. Quel est le meilleur train ?

— Le meilleur train est ce qu'on appelle « Le Train Bleu ». En prenant ce train-là, vous évitez les ennuis de la douane à Calais.

Derek acquiesça d'un signe de tête.

— Le quatorze, murmura l'employé. C'est un peu juste. Pour cette date presque toutes les places sont retenues sur « Le Train bleu ».

— Voyez s'il vous reste une couchette. Sinon...

L'employé s'éclipsa et revint au bout de quelques minutes.

— C'est entendu, monsieur. Il reste encore trois couchettes. Je vous en garde une. Quel nom ?

AGATHA CHRISTIE, 1928

Compagnie Internationale
des
Wagons-Lits
et des
Grands Express Européens
Train-Bleu
(London)-Calais-Paris-Marseille
Nice-Ventimiglia
San-Remo

The Sleeping Car & International Express Trains Company

The New Single-Berth Sleeping Cars of the Train-de-Luxe (Calais-Mediterranean Express)

BY DAY

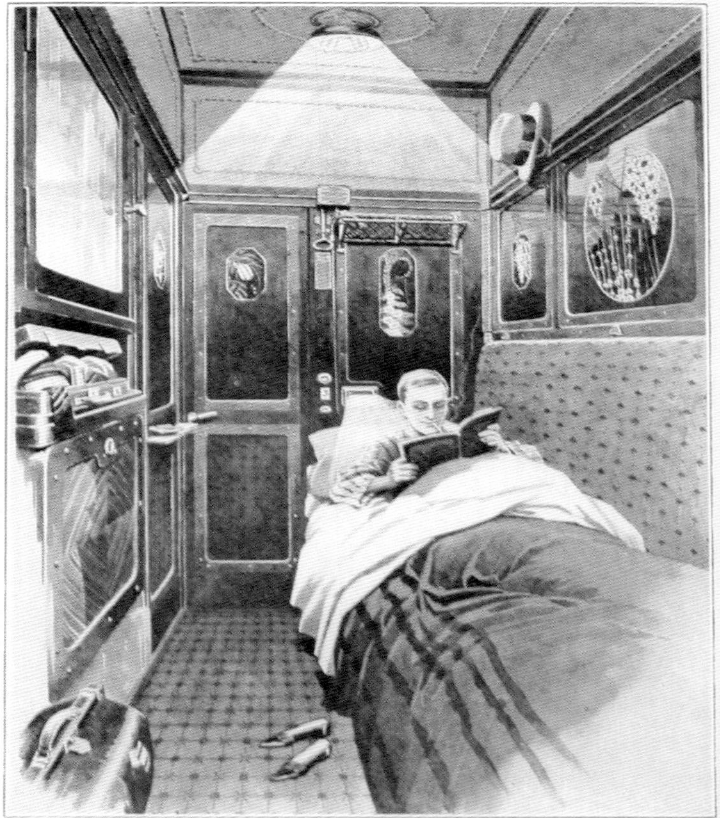

AT NIGHT

TRAIN
BLEU
COMPAGNIE INTERNATIONALE DES WAGONS-LITS
ET DES GRANDS EXPRESS EUROPÉENS

LE NOUVEAU
TRAIN BLEU
VERS LA COTE
D'AZUR

9

216

SUMMER ON THE FRENCH RIVIERA
BY THE BLUE TRAIN

219

1923 Le Blue Train

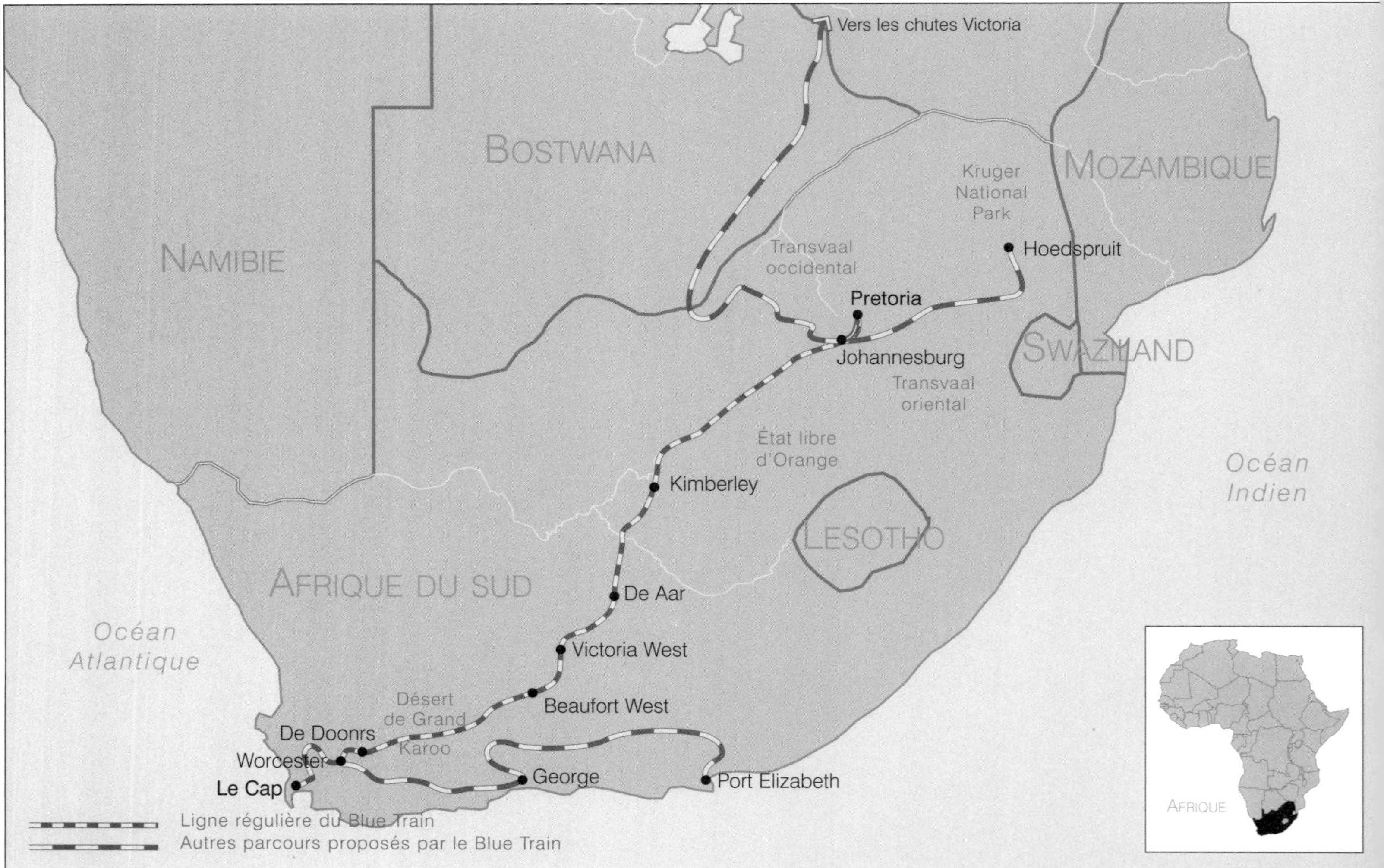
Vers les chutes Victoria
BOSTWANA
MOZAMBIQUE
Kruger National Park
NAMIBIE
Transvaal occidental
Hoedspruit
Pretoria
Johannesburg
SWAZILAND
Transvaal oriental
État libre d'Orange
Océan Indien
Kimberley
LESOTHO
AFRIQUE DU SUD
De Aar
Océan Atlantique
Victoria West
Beaufort West
Désert de Grand Karoo
De Doonrs
Worcester
George
Port Elizabeth
Le Cap
AFRIQUE
Ligne régulière du Blue Train
Autres parcours proposés par le Blue Train

À une année près, le Blue Train est né en même temps que le Train bleu : en 1923. Même couleur, même famille – celle des express et du luxe. Même façon, curieuse, de porter deux noms à la fois : un nom officiel – « Union Limited » ou « Union Express », pour le Blue Train – et un surnom rappelant la couleur bleue. Pour le reste, le « Bleu » et le « Blue » n'ont rien à voir. Dans l'hémisphère nord, le Train bleu roule vers des vacances dorées. Dans l'hémisphère sud, le Blue Train rêve de ce qu'il aurait pu être : un grand transafricain reliant Le Cap au Caire. Le chemin de fer apparaît en Afrique du Sud le 26 juin 1860 : le premier train à vapeur inaugure alors, sur la côte est, la ligne Durban-The Point, un trajet… de 3 km ! En 1862, la ligne du Cap, commencée en 1859 mais bloquée par des montagnes de granit, n'a avancé que de 34 km. Le pays est encore très peu peuplé, pas industrialisé, n'exportant que de la laine, de l'ivoire, du cuir. Le réseau routier est médiocre, les banques inexistantes. La Grande-Bretagne domine la région, mais elle a d'autres chats à fouetter, un peu partout dans le monde. Tout va bientôt changer. En 1867, parmi quelques jolis cailloux de rivière, on découvre un premier diamant, au nord de l'Orange River. Les spéculateurs se précipitent, les Anglais – tout à coup plus motivés – négocient avec les Républiques Boers (fondées par les premiers colons néerlandais) la propriété des gisements. Pendant ce temps, l'immense champ diamantifère de Kimberley engendre une ville et l'Afrique du Sud entre progressivement dans la modernité. C'est le début de la construction d'un véritable réseau ferré. D'autant que l'on vient aussi de découvrir des gisements d'or à la frontière du Transvaal et du Bechuanaland. Reste à savoir, dès lors, qui se rendra maître de ce beau trésor. C'est là qu'intervient Cecil Rhodes, homme d'affaires britannique et premier ministre du Cap de 1890 à 1896. Grâce à des montages aussi astucieux qu'ambitieux, il est parvenu à assurer à sa compagnie – la De Beers – l'exploitation et le monopole du commerce mondial des diamants d'Afrique du Sud. Ce qu'il a fait pour lui-même, il peut le faire pour l'Empire britannique. C'est ainsi qu'au nom de la Couronne, il va s'ingénier à ce que les Boers perdent le contrôle de leurs mines d'or du Transvaal. Mais l'idée qui le taraude, son grand rêve, c'est de construire une voie ferrée qui ne traverserait que des colonies britanniques, du sud au nord de l'Afrique, « du Cap au Caire ». Ce plan est inauguré par la grande ligne sud-africaine reliant Cape Town aux mines de Kimberley, puis se poursuivant jusqu'à Johannesburg où, en 1886, George Harrison – petit prospecteur – tombe sur une saillie de roche aurifère. Trois ans plus tard, Johannesburg devient la plus grande ville d'Afrique du Sud. Et la ligne continue sa route. En 1905, elle parvient aux chutes Victoria, là où le fleuve Zambèze plonge au fond d'une gorge de 108 mètres. Cecil Rhodes, mort en 1902, ne verra pas le grand pont ferroviaire qui enjambe le fleuve et qui, de nos jours, continue d'offrir aux passagers une vue époustouflante sur les chutes. Il ne verra pas d'avantage son rêve se réaliser. Depuis Le Caire, la ligne ferroviaire commencée en 1856 arrivera à Khartoum dans les années 1890 ; d'autres branches descendront encore vers le sud, jusqu'au point le plus méridional : Wau, au Soudan. Depuis Le Cap, par le jeu des aiguillages, la ligne remonte au nord jusqu'en Ouganda. Mais entre l'Ouganda et le Soudan : rien. Le projet Le Cap-Le Caire (qui n'est pas enterré pour autant et que certaines études remettent au goût du jour) restera incomplet.

En 1923, l'Union sud-africaine toute neuve – créée en 1910 par la fédération des quatre provinces du Cap, du Natal, du Transvaal et d'Orange – inaugure son premier grand express : il porte le nom d'« Union Limited » dans sa course vers le nord et d'« Union Express » lorsqu'il revient vers le sud. Au Cap, il est à l'arrivée des grands paquebots partis de Southampton dix-sept jours plus tôt et, de là, il remonte la grande voie sud-africaine pour rejoindre les champs d'or de Johannesburg et de Pretoria. Orgueil de la nouvelle nation, il est luxueusement réaménagé dès 1927. Dix ans plus tard, il troque ses voitures en bois pour des voitures en acier fabriquées à Birmingham, équipées d'air conditionné et peintes en bleu. D'ores et déjà, pour tout le monde, c'est le « Blue Train » bien que le nom ne soit officialisé qu'en 1946. En 1972, de nouvelles voitures remplacent les anciennes. En 1997, le Blue train est entièrement refait, réinventé, redécoré, repensé jusqu'au moindre rivet. C'est ce train-là qui trois fois par semaine et toute l'année invite ses heureux passagers à reprendre le grand rêve de Cecil Rhodes, du Cap à Pretoria et inversement. Attention, il n'y a pas de place pour tout le monde : le Blue train n'accueille que soixante-dix à quatre-vingt passagers par traversée et il faut réserver un an à l'avance. De toute façon, le prix du billet est assez dissuasif même si, à bord, tout est inclus… sauf, comme l'explique le directeur du train aux nouveaux arrivants, « le caviar, le champagne français et les communications

internationales ». On l'aura compris, ici comme dans les palaces, il faut laisser la réalité à la porte d'entrée. Ce n'est pas un train ordinaire, plutôt quelque chose qui tiendrait de la limousine, du carrosse et du tapis volant, d'ailleurs l'aménagement intérieur a été conçu par Wilson & Associates, la société responsable de la décoration des hôtels de Disneyworld… c'est tout dire ! Salles de bain pavées de marbre, baignoires dans les suites, trois qualités d'eau aux robinets (chaude, froide et glacée), la possibilité de régler – au degré près – le « climat » de sa cabine, et tout cela – luxe suprême – dégusté avec lenteur : la vitesse maximale est fixée à 100 km/h.
Dans le sens Le Cap-Pretoria, on croisera des faugourgs verdoyants, les dunes ventées des Cape Flates, puis les vignobles (rouges, en automne) de la région de Paarl et de la vallée de la Hex avec, ici et là, de petites fermes qu'annoncent des portiques blancs et des cyprès.
Le monde extérieur défile derrière les baies fumées, à moins qu'on ne préfère regarder le paysage filmé depuis le toit de la première voiture et retransmis en direct sur l'écran géant de la voiture-club…
On traverse le désert calciné du Karoo juste avant la tombée de la nuit et c'est l'heure du dîner : tenue de soirée exigée. Un dernier verre à la voiture-bar : dehors, dans le ciel constellé d'étoiles, brille la Croix du sud. On passe Kimberley. Le lendemain, le soleil se lève sur les champs de maïs du Transvaal. Des terrils jaunes et bruns signalent une succession de villes aurifères. Des immeubles de verre et d'acier miroitent au loin : c'est Johannesburg. Bientôt, le train termine sa course à Pretoria. Le voyage a duré un jour, une heure et douze minutes.

La gare de Johannesburg, en 1914.

En partant de Capetown, le train passe d'abord au milieu de fermes florissantes. Ce sont de petites maisons blanches, d'aspect très avenant, ombragées par de vieux arbres et entourées de champs et de vignes bien cultivés, car c'est ici une région vinicole par excellence. Mais au bout de quelques kilomètres, le pays devient plus sauvage et bientôt s'ouvre la vallée du « Hex River ». Le train file entre de hautes montagnes couvertes d'une végétation rabougrie, monte sur l'immense plateau qui forme une grande partie de l'Afrique du Sud, traverse le désert du Karoo ; non pas un désert sablonneux, comme on se le représentait étant écolier, mais une vaste étendue onduleuse, couverte d'une pauvre verdure clairsemée. Quelque maigre qu'il soit, ce terrain semble plaire aux autruches ; on en rencontre qui cherchent leur nourriture et regardent d'un air nonchalant le train qui passe devant elles.

ETHEL M. BAGG, 1913

220 | Le Blue Train, fierté de la jeune Union sud-africaine, 1946. Sur le devant de la locomotive, et afin de ménager les susceptibilités nationales, le nom du train est inscrit dans les deux langues officielles du pays : en anglais (The Blue Train) et en afrikaans (Die Bloutrein).

229 | Le Blue Train quittant le Cap. On aperçoit en arrière-plan la silhouette très caractéristique de la Table Mountain, cette gigantesque plate-forme de grès qui surplombe la baie du Cap. Les dix-huit voitures saphir du Blue Train sont tractées, au départ, par trois locomotives électriques. À hauteur de Aar, dans le haut Veldt, on passe à la traction diesel.

230 | Sur la voie ferrée menant du Cap à Kimberley, photo Lowrdon, vérascope, 1902. La gare n'a pas encore de nom, juste un numéro.

231 | À gauche, le steward – qui ici, comme dans les grandes demeures anglaises, est appelé « butler » (majordome) – accueille les passagers sur le quai et leur présente leurs cabines respectives. À droite, un coin du club car, seule voiture qui possède un espace fumeur.

232-233 | Service des cabines avec, de gauche à droite : une salle de bains avec douche, le « butler » préparant la cabine pour la nuit, les commodités portant l'estampille du Blue Train. Deux types de suites sont proposés à bord : les suites à lits jumeaux, qui disposent d'une douche ; et les suites à lit double, dotées d'une baignoire.

Dans quelque endroit où le train s'arrête pour prendre de l'eau [...], des indigènes affluent, dans les costumes ou les attitudes les plus pittoresques. [...] Tout le pays que nous traversons est d'aspect plutôt monotone, mais les reflets de la lumière changent d'une façon si merveilleuse qu'on ne s'en fatigue pas. Néanmoins, je suis sûre que tout voyageur sera fort heureux d'arriver à Bulawayo, ou bien de consacrer seulement quelques heures à faire l'excursion des Matoppos, où se trouve le tombeau de Cecil Rhodes. C'est ce que nous décidons de faire. Mais beaucoup préfèrent s'arrêter dans le très confortable hôtel de Bulawayo d'où l'on peut aller visiter les ruines de Gouelo, ou le district de Zimbaboué. Le chemin de fer n'atteint pas encore aux Matoppos, mais la ligne sera bientôt terminée.

ETHEL M. BAGG, 1913

234 ı Suite de luxe préparée pour la nuit. Le plus difficile, dans l'aménagement de ce train, fut de trouver de la place. En effet, sur les voies ferrées d'Afrique du Sud – qui sont étroites – la largeur standard des voitures pour passagers est de 2,85 m. Or, sur le Blue Train cette largeur a été exceptionnellement portée à 2,90 m. Soit un gain de 50 mm ! Pour gagner encore un peu d'espace, on joua aussi sur l'épaisseur des parois latérales, jusqu'à augmenter la largeur des espaces intérieurs de 88 mm.

235 ı Le Blue Train traversant un ravin boisé, dans l'Eastern Cap. On n'est plus ici sur la voie principale mais sur une branche qui dessert la côte est, le long d'un parcours très touristique connu sous le nom de « Garden Route ». D'autres trains, financièrement plus abordables, assurent eux aussi ce trajet. C'est le cas, par exemple, de l'Outeniqua Choo Tjoe, bien connu des passionnés de chemin de fer car la traction sur ce train, est à vapeur.

236 ı À gauche, suite de luxe en position jour. À droite, petit-déjeuner à l'anglaise – saucisses et lard frit – que l'on peut prendre en cabine ou au wagon-restaurant.

237 ı Salle à manger de 42 places du wagon-restaurant. Il y a, pour le dîner (ou pour le déjeuner), deux services, lesquels sont annoncés au xylophone et en trois langues.

[À Bulawayo], vous remontez dans le train pour terminer le petit trajet qui reste à faire avant d'arriver au Zambèze. Le paysage a changé complètement d'aspect. Partout, se dressent des arbres géants, qui forment toute une forêt, et par-ci par-là d'énormes baobabs érigent leurs multiples troncs lisses. C'est le pays des lions, des girafes, de plusieurs espèces d'antilopes ; mais les animaux sauvages ne daignent pas venir examiner notre train et nous n'en voyons pas l'ombre. Pourtant, à une certaine station, le conducteur nous montre le squelette d'un éléphant qui, l'année dernière, avait commis l'imprudence de s'endormir sur les rails et de causer au train douze à treize heures de retard.

Ethel M. Bagg, 1913

238-239 I Le menu propose des spécialités locales : carré d'agneau du désert du Karoo ou filet d'autruche d'Oudtshoorn. Le tout étant arrosé, évidemment, de quelques belles bouteilles des vignobles de Paarl, de la vallée de Franschhoek (réputée pour ses blancs) ou de la Constantia Valley dont les rouges mûrissent dans les caves du Cap. Il n'y a que le choix : c'est au XVIIe siècle que les viticulteurs huguenots français ont importé dans ce « nouveau monde » leurs méthodes et leur savoir-faire.

240-241 I Deux aspects du club car, généralement très fréquenté le soir, à l'heure du cognac. Il existe sur ce train une autre voiture-salon – le lounge car – où l'on sert le thé chaque après-midi.

242 I Conference coach, ou voiture consacrée aux réunions et conférences. Évidemment, cette voiture est équipée de tout le matériel audio-visuel dernier cri. Lorsqu'elle n'est pas utilisée à des fins professionnelles, on la transforme – du fait de ses immenses baies vitrées ouvertes sur le paysage – en voiture « d'observation ».

243 I Au-dessus du Zambèze, le grand pont ferroviaire initialement construit en 1905. On aperçoit en arrière-plan les chutes Victoria. Parti de Pretoria, le Blue Train propose, ponctuellement, cette très belle excursion à travers le Botswana et le Zimbabwe.

E1950
E1951

230

238

242

Amtrak
Superliner
244
Coach
0512

1949

Le California Zephyr

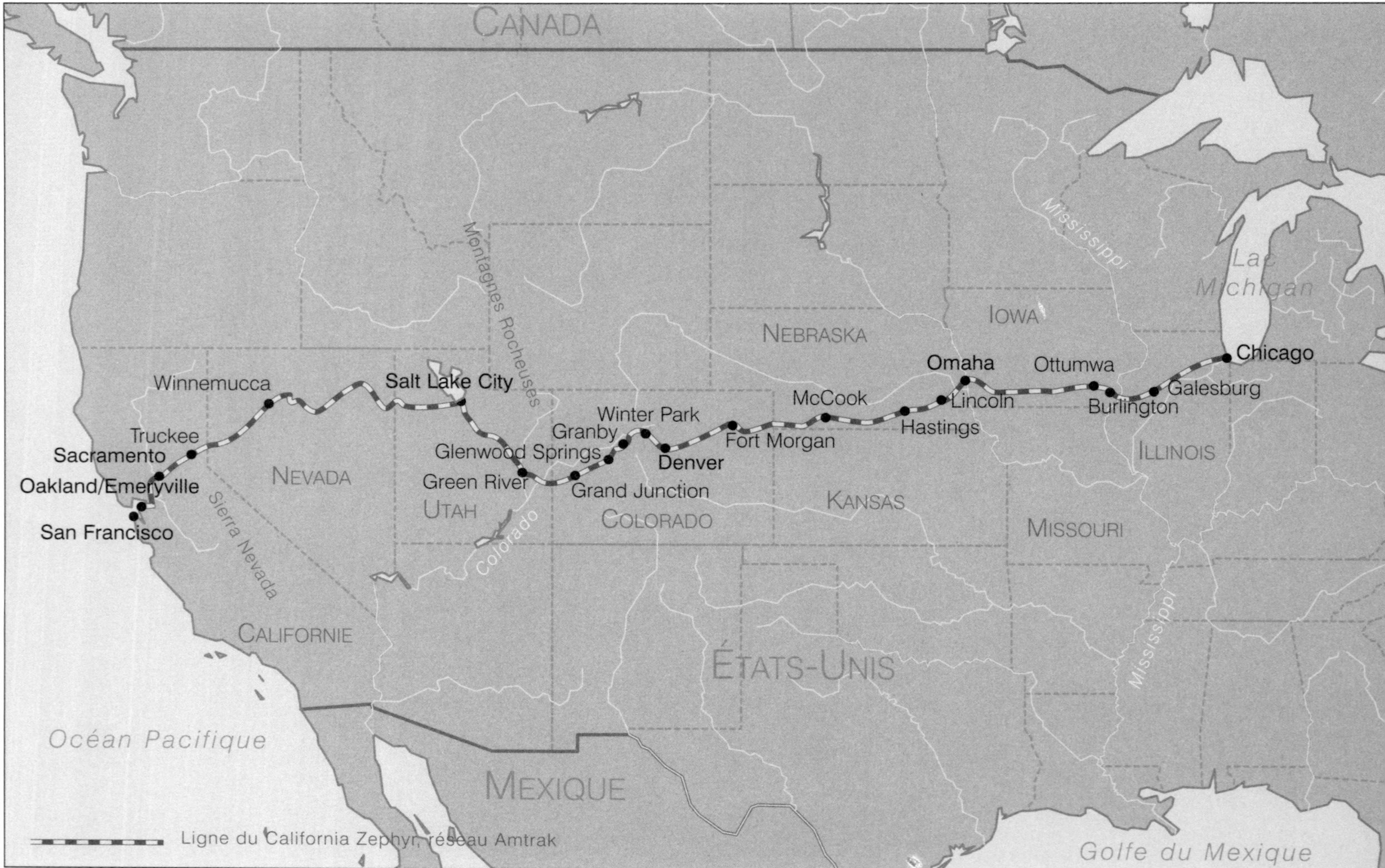

Canada
Nebraska
Iowa
Lac Michigan
Mississippi
Montagnes Rocheuses
Winnemucca
Salt Lake City
Omaha
Ottumwa
Chicago
McCook
Lincoln
Galesburg
Burlington
Winter Park
Granby
Hastings
Truckee
Fort Morgan
Sacramento
Glenwood Springs
Denver
Illinois
Oakland/Emeryville
Nevada
Green River
Grand Junction
Utah
Kansas
Colorado
San Francisco
Sierra Nevada
Missouri
Colorado
Californie
États-Unis
Océan Pacifique
Mexique
Ligne du California Zephyr, réseau Amtrak
Golfe du Mexique

Le 10 mai 1869, vers midi, dans un coin perdu de l'Utah, au lieu-dit « Promontory Point », s'achève un des épisodes les plus célèbres de toute l'histoire des chemins de fer. Dans quelques minutes, on va poser la dernière traverse et enfoncer le dernier crampon de la première ligne transcontinentale américaine. Près de la voie, assis à une table, un télégraphiste attend, le doigt sur le manipulateur. Il est connecté avec Omaha, grand nœud ferroviaire du centre du pays, et avec Chicago où l'on attend de retransmettre son message au président et à toutes les villes des États-Unis. La foule agglutinée empêche le télégraphiste de voir ce qui se passe sur les rails. Mais un tonnerre d'applaudissements lui confirme que c'est fait : le dernier crampon (plaqué or, pour l'occasion) vient d'être fixé ! Il envoie donc le message convenu, laconique mais qui réjouit l'Amérique entière : « Done » (« Fait »). L'aventure commence sept ans plus tôt quand Lincoln signe la loi fédérale du 1er juillet 1862 autorisant deux compagnies ferroviaires à construire une voie transcontinentale : à l'est, l'Union Pacific partira d'Omaha ; à l'ouest, la Central Pacific s'élancera depuis Sacramento. Les débuts sont lents et difficiles. En 1864, tandis que la guerre de Sécession engloutit hommes et matériel, l'Union Pacific n'a progressé que de quelques kilomètres. Pas mieux du côté de la Central Pacific qui se heurte à la montagne. À 55 km de Sacramento, il faut déjà utiliser les explosifs : la nitroglycérine, trop dangereuse à transporter, est préparée sur place. Ce sont les ouvriers chinois qui sont chargés de miner les falaises, suspendus au-dessus du vide dans des paniers, au bout d'une corde que l'on remonte *in extremis*, juste avant l'explosion. Les pertes humaines sont considérables.
À la fin de la guerre civile, les choses s'arrangent. Entre 1867 et 1869, dans les déserts de l'Utah et du Nevada, la progression est même assez prodigieuse car, pour finir, il ne faudra que deux ans pour construire les 2 800 km manquants, quand, en Europe, il fallut dix ans pour poser la voie Paris-Marseille. Il est vrai qu'on ne peaufine pas : les équipes ont 30 secondes, montre en main, pour placer chaque rail ; les ponts à tréteaux ont l'air de grands échafaudages… l'Amérique est pressée.
À Promontory Point, tandis que la locomotive de la Central Pacific rejoint enfin celle de l'Union Pacific, c'est toute la nation qui passe à la vitesse supérieure. C'en est fini des convois de chariots bâchés : six mois pour traverser le continent ! Finis les détours (au moins aussi éprouvants)

par le cap Horn et fini le passage obligé par les régions malsaines de Panama. Désormais, pour passer de l'Atlantique au Pacifique et de l'Europe à l'Asie, pour tenter sa chance dans les nouvelles mines du Colorado ou pour accéder aux terres vierges de l'Ouest, il suffit en somme de prendre un billet de train. Évidemment il y a encore les sabotages et les embuscades, les bandits et les Indiens, la neige qui bloque les voies et les ponts de bois qui s'écroulent dans le ravin… mais c'est une autre histoire, celle qui n'en finit pas de nourrir la mythologie du western.

Aujourd'hui, le tracé de la ligne transcontinentale a été modifié. À Promontory Point, il n'y a plus de ville depuis longtemps et plus de train non plus, depuis 1903. On y a simplement reconstitué, pour le touriste, un bout de voie où deux locomotives à vapeur s'avancent l'une vers l'autre, rejouant quotidiennement l'émotion formidable du 10 mai 1869. Cependant, un train continue d'emprunter le parcours des pionniers, entretenant le mythe de la conquête de l'Ouest : c'est le California Zephyr (CZ), train chéri des Américains, aujourd'hui exploité par le réseau Amtrak. En partant de New York, avec une correspondance à Chicago, on embarque sur le CZ pour deux jours et demi de voyage et de paysages époustouflants. Terminus : San Francisco.

Le CZ a une longue généalogie. C'est la compagnie Burlington – qui exploitait le réseau du « Middle West » – qui invente le Zephyr et lance son prototype en 1934. Sa traversée inaugurale, de Denver à Chicago, fait sensation. C'est le premier train américain à moteurs diesel et il a une allure folle : lisse, aérodynamique, tout droit sorti d'un décor de *comics*, il est entièrement argenté, tout en acier inoxydable. Mais le Zephyr ne se limite pas à une esthétique ni à des prouesses technologiques. Anticipant les désirs d'une nouvelle clientèle, il correspond à un nouveau concept du voyage en train. En 1936, apparaissent à son bord les « zephyrettes », des jeunes femmes mi-nurses, mi-hôtesses, portant à l'époque une curieuse petite cape de satin rouge qu'on croirait directement inspirée de celle de *Superman* (dont les aventures paraissent en périodique, à peu près à la même époque). La zephyrette c'est la touche chaleureuse et féminine, le meilleur moyen d'attirer une clientèle familiale. Autre idée de génie de la Burlington : le « vista dome », coupole vitrée placée au-dessus du train et offrant aux passagers le spectacle d'un voyage panoramique. Le vista dome restera par la suite la signature des Zephyr.

Un autre train prépare l'avènement du California Zephyr ; c'est l'Exposition Flyer qui dessert le ligne Chicago-San Francisco. Il est conjointement exploité par les trois principales compagnies de l'Ouest : la Burlington, sur le tronçon Chicago-Denver ; la Denver & Rio Grande Western Railroad, entre Denver et Salt Lake City ; et enfin la Western Pacific entre Salt Lake City et San Francisco. Comme les Zephyr, le Flyer mise tout sur l'accueil et le confort (wagons Pullman, air conditionné pour toutes les classes, restauration soignée), et sur la beauté des paysages traversés. Il y réussit si bien qu'initialement prévu pour un service très temporaire (le temps de l'exposition internationale de San Francisco, en 1939), il fonctionnera jusqu'en 1949. Or c'est précisément cette année-là que les trois compagnies de l'Ouest décident de lancer le California Zephyr. Une vraie merveille, combinant tout ce qui s'est fait de mieux jusque-là : ligne fuselée, livrée d'argent, cinq coupoles panoramiques par train, un aimable bataillon de zephyrettes, et toutes sortes d'innovations pratiques comme l'installation de douches dans les cabines. Ajoutons à cela des horaires très rigoureusement pensés, vers l'Ouest comme vers l'Est. Le train traversait les mornes étendues des plaines ou du désert du Nevada durant la nuit de façon à ce que, au lever du jour, les Rocheuses ou la Feather River se révèlent dans toute leur splendeur. Le trajet d'inauguration se fit dans le sens San Francisco-Chicago. Toutes les passagères portaient une boutonnière d'orchidées aux couleurs du CZ, spécialement importées d'Hawaï pour l'occasion, et l'orchestre de la Western Pacific accompagna le départ. Le CZ entrait déjà dans la légende. Il restera en service vingt ans et deux jours. Impossible de résister à la concurrence des bus et des avions. La Denver & Rio Grande Western Railroad reprit cependant le flambeau : le Rio Grande Zephyr assurera, avec beaucoup de style (et beaucoup de difficultés aussi), le trajet Denver-Salt Lake City pendant une dizaine d'années. Jusqu'en 1983. Commence alors l'ère d'Amtrak, avec un CZ revu et corrigé, mis aux normes. Les inconditionnels du vieux CZ – et ils sont légion ! – ne s'en sont toujours pas remis. Les confortables voitures à deux étages du superliner Amtrak ont remplacé les beaux dômes vitrés des anciens wagons panoramiques. Le hamburger surgelé s'est substitué à l'excellente truite que l'on servait autrefois. Il n'empêche : « Go West ! » : pour la traversée de l'immense Mississippi, à Burlington ; pour le canyon du Colorado ; pour le rêve au bout des rails…

Nous allons donc maintenant franchir d'un bond la distance qui nous sépare de l'Est, nous arrêtant seulement à Chicago et aux chutes du Niagara. Nous prendrons à cet effet la route centrale, la première établie des trois grandes voies ferrées qui vont dorénavant fonctionner concurremment. La voie sud a été ouverte il y a quelques années, c'est elle qui descend jusqu'aux confins du Mexique, passe par Santa Fe, la ville la plus ancienne du Nouveau Monde, et par Kansas City, l'un des centres les plus rapidement développés des États-Unis. La voie Nord, dont le tracé côtoie la limite du Canada, conduira au fameux Yellow-Stone-Park, une merveille récemment découverte.

HUGUES KRAFFT, 1885

244 | California Zephyr (Amtrak) en gare de Chicago, 1985. Sur les chemins de fer américains la classe « coach » est traditionnellement la manière la plus économique de voyager : le confort s'y résume à des sièges inclinables.

257 | Cérémonie célébrant la rencontre de la Central Pacific et de l'Union Pacific, Promontory Point, 10 mai 1869. Sur cette photographie, prise par Charles Savage, les deux locomotives (celle de l'Ouest et celle de l'Est) se font face sur les mêmes rails, entourées de la foule des ingénieurs et des ouvriers, chinois et américains.

258 | Départ des voyageurs sur la ligne côtière de la California Ltd, Californie, vers 1900. Lorsqu'en 1862, en pleine guerre civile, Lincoln lance la construction d'une ligne transcontinentale, c'est aussi une façon de persuader la florissante Californie de ne pas faire sécession. De fait, grâce au chemin de fer reliant les deux océans, l'État californien choisira son camp : l'Union.

259 | Union Station, la gare de Chicago, années 1930. Cet énorme édifice de marbre blanc accueillait alors les trains de quatre compagnies ferroviaires : la Pennsylvania ; la Chicago, Burlington & Quincy ; la Chicago, Milwaukee & St. Paul et la Chicago & Alton.

Les sierras resplendissaient aux lueurs du soleil couchant ; et lorsque la rosée commença à tomber, des parfums aromatiques embaumèrent l'air calme. Sur une seule voie, établie parfois sur un rebord étroit et qu'ont taillée dans le flanc de la montagne des hommes suspendus dans des paniers, surplombant des ravins d'une profondeur de 500 à 1 000 mètres, le train monstre gravissait sa route en serpentant, s'arrêtant parfois devant quelques maisons de bois et parfois là où l'on ne voyait qu'une cabane faite de troncs d'arbres, avec quelques Chinois aux environs, mais de laquelle partaient des sentiers conduisant, en haut et en bas des ravins, au pays de l'or.

ISABELLA L. BIRD, 1888

260 | Locomotive de l'Union Pacific, années 1880. Immortalisée par les westerns, la locomotive américaine se reconnaît entre toutes : tender chargé de bois ou de charbon ; bogies (qui, d'ailleurs, équipent l'ensemble du train) pour rouler en souplesse sur des voies très hâtivement posées ; cabine haut perchée ; lanterne énorme et, sur le devant, le fameux chasse-buffle.

261 | Voiture de voyageurs typique des chemins de fer américains avec une allée centrale, des sièges latéraux et, au-dessus, des lits rabattables, photochrome, vers 1900. La longueur des trajets nécessitera, beaucoup plus tôt qu'en Europe, un certain niveau de confort.

262 | Baptême, au champagne, du Burlington Zephyr n° 9900, 18 avril 1934, Philadelphie.

263 | En haut, à gauche : carte postale figurant le California Zephyr (CZ) dans les Rocheuses, années 1950 ; les chemins de fer du CZ éditaient eux-mêmes ce type de cartes, mises à la disposition des voyageurs et postées par les zephyrettes aux divers arrêts. En haut, à droite : « dôme d'observation » du CZ, années 1950. En bas, à gauche : le wagon-restaurant du CZ, conçu à l'origine pour 48 couverts, 1949. En bas, à droite : CZ en gare de Galesburg (Illinois), carte postale éditée par Illinois Camera Shop, années 1950. En vignette : ét quette à bagages.

Voici la célèbre Golden Gate, détroit resserré qui nous conduit dans la grande baie de San Francisco. Les côtes sont rocheuses et pourtant gazonnées ; à droite s'étend la jeune capitale californienne, amas grisâtre de maison échelonnées sur des collines ; à gauche, dans le lointain, apparaissent les maisons d'Oakland, sur la rive opposée. C'est là qu'on monte en chemin de fer pour traverser le Nouveau Monde...

HUGUES KRAFFT, 1885

264 ı À gauche, cuisinier du California Zephyr (Amtrak) attendant ses livraisons, gare de Denver, 1985. À droite, menu du wagon-restaurant de l'Exposition Flyer, déjeuner de février 1943. Les mets proposés étaient très couleur locale : omelette « western style » ou potée yankee au riz, le tout accompagné de pain au gingembre. Sans oublier le poisson frais et en particulier la truite qui, jusqu'en 1983, fut la spécialité gastronomique des Zephyr.

265 ı Cuisine du wagon-restaurant, California Zephyr (Amtrak), 1985. L'efficacité s'est substitué à la gastronomie : les mets ne sont plus élaborés sur place, comme sur les anciens Zephyr, mais embarqués prêts à cuire.

266 ı Bisons sur le parcours du California Zephyr (Amtrak), 1985. La quasi disparition des bisons, qui condamnera les tribus indiennes à la famine, fut en partie causée par le chemin de fer. En effet l'hécatombe, inaugurée par les colons qui exterminent des millions de bêtes, fut encore accentuée dès lors qu'il fallut nourrir les innombrables ouvriers qui travaillaient à la construction de la voie ferrée.

267 ı Préparation du service, wagon-restaurant du California Zephyr (Amtrak), 1985.

268 ı California Zephyr (Amtrak) en route vers l'ouest, à hauteur de Kremmling, à 160 km environ au nord-ouest de Denver, octobre 2002.

Un jour, c'était peu de temps après ma naissance, un de nos éclaireurs rentra au camp très surexcité et raconta qu'il avait vu un grand serpent ramper à travers la prairie. Cela causa beaucoup d'émoi. Une observation attentive révéla le fait qu'un panache de fumée suivait le prétendu serpent. C'était là le premier train à voie ferrée de l'Union Pacific Railroad. Pour les Indiens, c'était quelque chose de fort curieux, aussi se mirent-ils à grimper sur les hauteurs pour voir courir ce train et entendre les bruits étranges qu'il faisait. Quand ils virent que le « serpent » rampait sur une voie de fer et ne la quittait pas, ils s'enhardirent un peu et se rapprochèrent pour mieux examiner cette chose curieuse.

SOUVENIRS DU CHEF SIOUX OGLALA, OURS-DEBOUT, DERNIER QUART XIXe SIÈCLE

Publicité pour une compagnie du sud-ouest des États-Unis, détail, 1948.

269 | Traversée des Rocheuses par la route de Tennessee Pass, entre Colorado Springs et Denver, vérascope, vers 1900.
La compagnie de chemin de fer Denver & Rio Grande, qui assurait le passage du transcontinental entre Denver et Salt Lake City, était renommée pour sa parfaite connaissance de la haute montagne. La voie qu'elle construisit via Tennessee Pass (en 1887), qui culmine à 3 121 m, reste à ce jour la plus haute des États-Unis.

270 | Dans la voiture panoramique, vue sur le paysage des Rocheuses, California Zephyr (Amtrak), 1985.

271 | Après les immenses plaines du Mississippi, c'est le début de l'épisode le plus palpitant : le passage des Rocheuses, 1985. Avant d'entamer ce parcours difficile, le train s'arrête à Denver pour une pause technique : on change de locomotive.

À gauche,
le Burlington Zephyr
en 1936 ; à droite,
zephyrette et
« vista dome ».

272-273 I Vue panoramique de Marshall Pass, dans le Colorado, photographie de William Henry Jackson, photochrome, années 1880. Dans l'histoire du passage du Colorado, la construction de la route de Marshall Pass (1880) fut une entreprise héroïque. La pente, des deux côtés, était si raide que les trains étaient en général tractés par plusieurs locomotives et la situation se compliquait encore dès les premières neiges, qu'il fallait constamment déblayer. Le trafic transcontinental est détourné sur la route de Tennessee Pass à la fin des années 1880. Après un lent déclin, la route mythique de Marshall Pass finira, dans les années 1950, par être désaffectée.

274-275 I California Zephyr (Amtrak) roulant vers l'Est, sur la portion de voie située entre la gare de Green River (Utah) et celle de Grand Junction (Colorado), années 1990.

276 I À gauche, embarcadère sur le lac, Salt Lake City, années 1900. Lors de la construction du transcontinental, Brigham Young, le leader de la communauté mormone de Salt Lake City, avait souhaité que la nouvelle ligne traversât sa ville. Pour des raisons techniques et de coût, les représentants de la Central Pacific et de l'Union Pacific décidèrent de passer plus au nord, par Promontory. Cependant, dès janvier 1870, Salt Lake City est connectée à la ligne transcontinentale et devient

À onze heures précises du soir, l'énorme train du Pacifique, faisant résonner sa lourde cloche, s'arrêta devant l'hôtel de Truckee ; je présentai mon billet à la double porte d'un « palais d'argent », et le steward, chaussé de pantoufles, me conduisit en chuchotant à ma couchette, un lit luxueux de plus d'un mètre de large avec un sommier élastique, de beaux draps de toile et des couvertures de Californie d'un grand prix. Les vingt-quatre habitants du wagon étaient tous invisibles, endormis derrière de superbes rideaux. C'était un vrai temple de Morphée. Tout était voué au sommeil. Quatre lampes d'argent suspendues au plafond brûlaient faiblement en donnant une lumière rêveuse. De chaque côté du passage du milieu, de riches rideaux de reps, verts et cramoisis, rayés d'or, étaient suspendus à des barres d'argent courant le long du plafond et traînaient sur un moelleux tapis d'Axminster. La température était soigneusement maintenue à 21 °C. Au dehors, il faisait –2 °C. Des portières et des fenêtres doubles, des dispositions intérieures ingénieuses et coûteuses de ressorts et de coussins, ainsi qu'une vitesse limitée à trente kilomètres à l'heure, assuraient du silence et garantissaient des cahots.

ISABELLA L. BIRD, 1888

Le paysage devint alors vraiment magnifique et resplendissant de vie. Des geais bleus huppés volaient à travers les pins sombres, des centaines d'écureuils couraient à travers la forêt, des libellules rouges étincelaient comme une lumière vivante [...]. La rivière, calme et large, reflétait dans ses profondeurs transparentes des pins royaux droits comme des flèches, le tronc couvert de lichens verts et d'un beau jaune ; des sapins et des pins balsamiques remplissaient les espaces laissés entre eux. La gorge s'ouvrit et j'eus devant moi ce lac avec sa ceinture de montagne, ses bords découpés en baies et en promontoires [...]. Il se ridait et scintillait doucement au soleil de midi, aussi intact qu'il y a quinze ans, alors que sa pure beauté n'était connue que des trappeurs et des Indiens. Un seul homme vivait là toute l'année.

Isabella L. Bird, 1888

en peu de temps le « carrefour de l'Ouest ».
À droite, carte figurant le trajet de l'Exposition Flyer sur le tronçon de route exploité par la Western Pacific, 1939.

278 | Dans le bar panoramique, California Zephyr (Amtrak), 1985. Tous les sièges sont tournés vers l'extérieur, une rangée face aux fenêtres de gauche et une autre face aux fenêtres de droite. Reste à savoir de quel côté le paysage traversé sera le plus spectaculaire... Pour cela, une carte du réseau Amtrak est remise aux voyageurs avec l'indication de tous les points de vue exceptionnels et une petite caméra symbolique partout où il convient de préparer son appareil-photo.

279 | Gare des ferries, San Francisco, vérascope, 1909. En réalité, jamais les Zephyrs, toutes générations confondues, ne sont allés jusqu'à San Francisco. Le California Zephyr y fit juste une brève apparition pour son inauguration officielle, le 19 mars 1949. Mais outre cette exception, le terminus occidental des Zephyrs a toujours été Oakland ou Emeryville. De là, les voyageurs traversent la baie – par le Bay Bridge (bus ou taxi) ou par ferry – afin de rejoindre la rive opposée et San Francisco, but ultime du voyage.

Santa Fe
THE
CALIFORNI
LIMITED
LOS ANGELES
SAN DIEGO.
SAN FRANCISCO

LUNCH ROOM

25
25
S.P.L.A.&S.L.
UNION PACIFIC
S.P.L.A.&S.
205

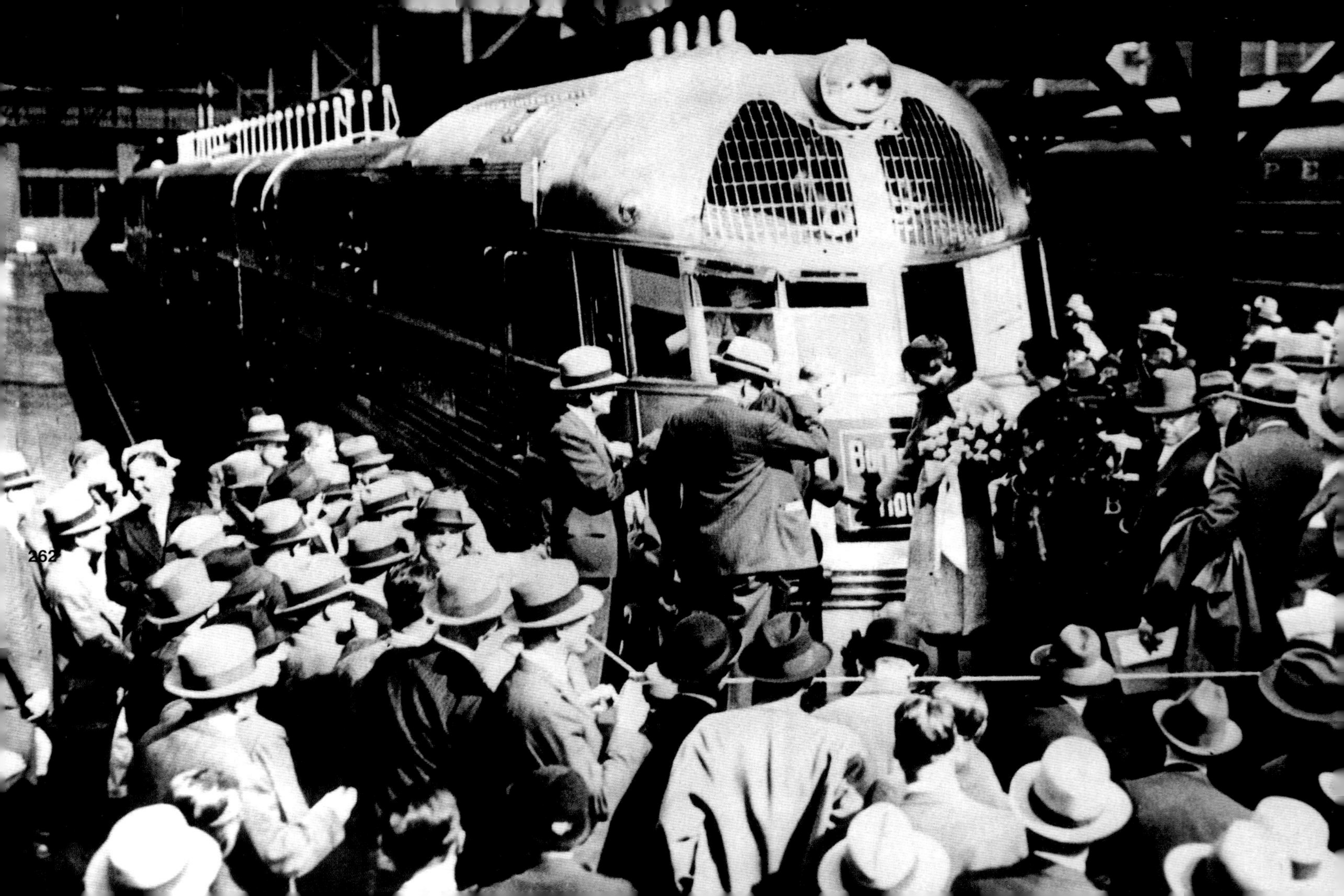

California Zephyr—Burlington Rou
Galesburg, Illinois
263
GALESBURG
BURLINGTON

Dining Car

SAN FRANCISCO'S CABLE CARS
Exposition Flyer
MENU

Amtrak Superliner
Coach
Baggage

268
SUPERLINER

POPCORN
5¢

280.1
265
253
221
213
205.1
205
179
TOBIN
LAS PLUMAS
BIDWELL
OROVILLE
MARYSVILLE
SUTTER BUTTES
SACRAMENTO
PETALUMA
WESTERN
FEATHER RIVER
ROUTE
PACIFIC

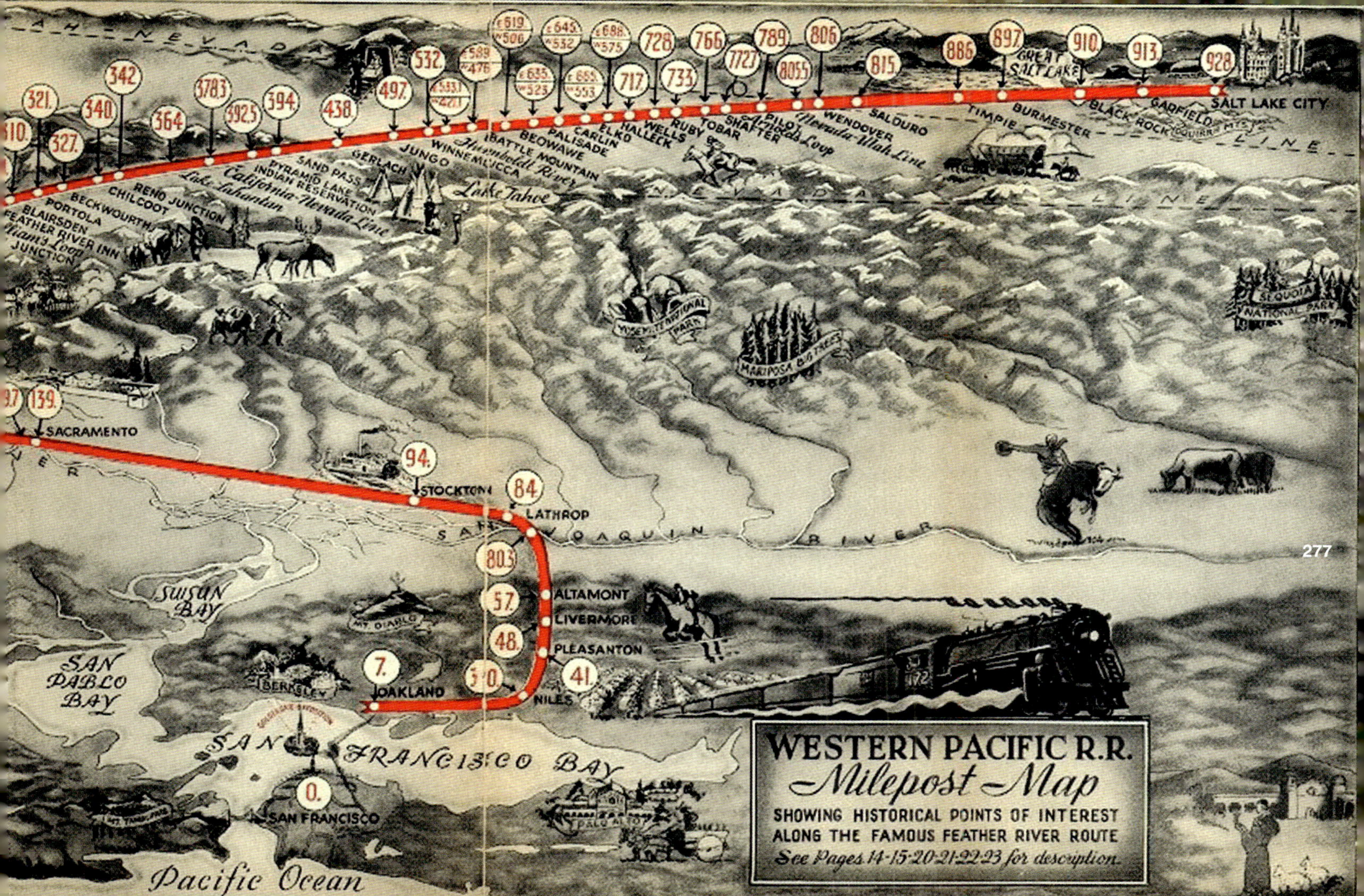

WESTERN PACIFIC R.R.
Milepost Map
SHOWING HISTORICAL POINTS OF INTEREST
ALONG THE FAMOUS FEATHER RIVER ROUTE
See Pages 14-15-20-21-22-23 for description.
SALT LAKE CITY
GREAT SALT LAKE
GARFIELD
BLACK ROCK
BURMESTER
TIMPIE
SALDURO
WENDOVER
Nevada-Utah Line
PILOT
Arnold's Loop
SHAFTER
TOBAR
RUBY
WELLS
HALLECK
ELKO
CARLIN
PALISADE
BEOWAWE
BATTLE MOUNTAIN
Humboldt River
WINNEMUCCA
JUNGO
GERLACH
SAND PASS
PYRAMID LAKE
INDIAN RESERVATION
California-Nevada Line
Lake Tahoe
Lake Lahontan
RENO JUNCTION
CHILCOOT
BECKWOURTH
PORTOLA
BLAIRSDEN
FEATHER RIVER INN
JUNCTION
NEVADA
LINE
YOSEMITE NATIONAL PARK
MARIPOSA BIG TREES
SEQUOIA NATIONAL PARK
SACRAMENTO
STOCKTON
LATHROP
SAN JOAQUIN RIVER
ALTAMONT
LIVERMORE
PLEASANTON
NILES
OAKLAND
BERKELEY
MT. DIABLO
SUISUN BAY
SAN PABLO BAY
SAN FRANCISCO BAY
SAN FRANCISCO
PALO ALTO
Pacific Ocean
928
913
910
897
886
815
806
789
772.7
766
805.5
733
728
717
688
575
665
553
645
532
635
523
619
506
589
476
533.1
427.1
532
497
438
394
392.5
378.3
364
342
340
327
321
310
139
94
84
80.3
57
48
41
30
7
0

HILLS BROS

LOUNGE CAR
RAILWAY
JAIPUR STATE

1981 Le Palace on Wheels

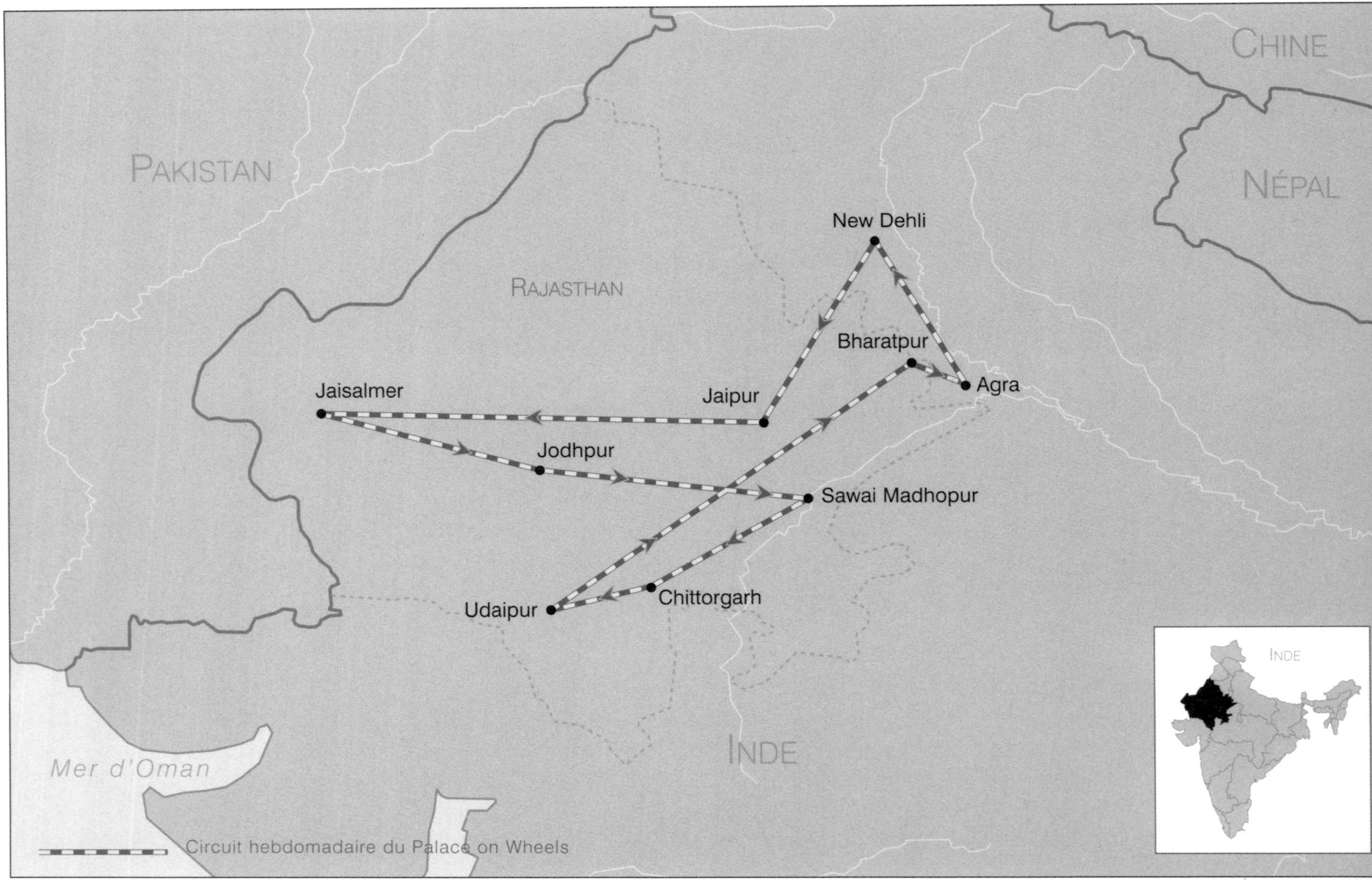

Chine
Pakistan
Népal
New Dehli
Rajasthan
Bharatpur
Jaisalmer
Jaipur
Agra
Jodhpur
Sawai Madhopur
Udaipur
Chittorgarh
Inde
Mer d'Oman
Inde
Circuit hebdomadaire du Palace on Wheels

Dès le moment où le tout premier train à vapeur quitte la gare de Victoria Terminus à Bombay – le 16 avril 1853 –, après une salve de 21 coups de canon, l'histoire de l'Inde et celle de ses chemins de fer deviennent inséparables. L'ingéniosité indienne relayant la technologie britannique, les trains du sous-continent apparaissent alors comme les meilleurs du monde. Aussi confortables que les trains américains. L'académicien français André Chevrillon, roulant vers le nord-ouest dans les années 1880, est enchanté : « J'admire beaucoup ces chemins de fer de l'Inde. Les wagons sont munis de cabinets de toilette où l'on peut prendre une douche, de couchettes que l'on rabat lorsqu'on veut s'étendre, et, la nuit, tout voyageur de première et de seconde classe a droit à l'une de ces couchettes. [...] On parcourt ainsi, et sans fatigue, des espaces de deux mille kilomètres, et l'on pense avec pitié aux pauvres gens qui, partis de Paris par les trains du soir, arrivent à Marseille ou à Brest tout moulus, tout fiévreux d'une nuit d'insomnie. » Ajoutons que si l'on veut se restaurer en route, il suffit d'en informer le préposé qui passe. Petit-déjeuner, *tiffin* (le déjeuner anglo-indien), *afternoon tea* ou dîner, enfin quoi que l'on ait demandé, tout est prêt à la gare suivante, réservé depuis le train, par télégraphe. Évidemment il y a la chaleur que les ventilateurs – avec l'introduction de l'électricité – brassent sans conviction et qui laissent le voyageur occidental complètement apathique. Cependant, là aussi, tout est prévu : les gares offrent au passager en transit de vastes salles d'eau où l'on peut prendre un bain frais avant de passer entre les mains expertes d'une masseuse.
Et si la correspondance est un peu longue, on trouve même sur place des dortoirs dont dépend un service de femmes de chambre.
Pourtant cette organisation et ce confort si raffiné sont peu de choses comparés aux fabuleux aménagements des trains que les maharajahs se font construire, pour se distraire en leurs États, pour impressionner leurs sujets et pour épater l'Anglais.
Les princes indiens n'ont jamais été aussi prospères que pendant les beaux jours de l'Empire britannique. Échange de bons procédés : ils font allégeance à la couronne d'Angleterre, et celle-ci en retour leur garantit privilèges et paix sociale. Dans ce climat de sérénité, certains s'offrent de folles excentricités : 22 Rolls-Royce, dont une décapotable en argent massif, pour le maharajah de Bharatpur ; une flotille d'avions et un aéroport pour celui

de Jodhpur. Et enfin des trains pour les plus puissants ou, au moins, des wagons spéciaux dotés de tout le confort palatial (avec une voiture réservée au zénana) que les princes, par autorisation spéciale, faisaient accrocher aux convois réguliers.

La chute de l'Empire britannique puis la déclaration d'indépendance, en 1947, mettent un terme à cette munificence même si les maharajahs conservent encore leur titre, une partie de leurs biens, le tout agrémenté d'une liste civile. Le coup fatal leur est porté en 1970 quand Indira Gandhi leur supprime tout privilège. Les maharajahs transforment alors leurs palais en hôtels de luxe tandis que leurs beaux wagons se retrouvent au dépôt, désaffectés.

En 1981, les chemins de fer du Rajasthan réunissent vingt de ces wagons princiers, chacun d'eux frappé aux armes d'un maharajah local, le tout formant un convoi splendide où rien ne manque : les wagons-restaurants, le wagon-bar, une bibliothèque, trois voitures de service et treize wagons-lits. C'est le train des maharajahs, le Palace on Wheels (le palace roulant), le plus prestigieux des trains de l'Inde. Ceux qui l'ont connu avant les restaurations de la fin des années 1980 ont humé une dernière fois le parfum véritable de l'Inde anglaise, élégante et décadente. Tout était alors rigoureusement authentique dans ce convoi où certaines voitures avaient près de 90 ans, comme celle du maharajah de Bikaner construite en 1898. Mais ces beaux wagons en bois n'étaient pas aux normes, les fenêtres à jalousies laissaient passer des nuages de moustiques la nuit venue et les ventilateurs ne rafraîchissaient rien ni personne.

Bref, aujourd'hui, ce train de luxe, tout neuf mais reconstitué à l'identique dans les moindres détails, le charme en moins peut-être mais la climatisation en plus, attend chaque semaine de nouveaux touristes dans l'extraordinaire confusion de la gare de Cantonment Railway, à Delhi. De là, durant sept jours et sept nuits, le Palace on Wheels traite ses passagers comme des princes tout au long d'un périple en boucle à travers le Rajasthan : de Jaipur la rose jusqu'à Jodhpur la bleue, en passant par le désert – à quelques kilomètres de la frontière pakistanaise –, avant de rejoindre Udaipur, ses lacs et ses palais posés sur l'eau. Le septième jour, les passagers les plus blasés – mais choyés depuis une semaine par un bataillon de domestiques et de maîtres-queux – ont comme l'impression que tout cela va leur manquer. Devant le Taj-Mahal, dernière étape avant le retour à Delhi, ce n'est plus une impression, c'est une certitude.

À une heure, le train. Et je croyais avoir chaud sur le bassin d'Arcachon, jadis, en lisant Kim ! [...] Les porteurs insupportables exigent des pourboires supplémentaires. Passepartout les menace. Ils se sauvent. Ils reviennent coller leurs figures aux vitres du wagon-restaurant où l'on ne peut que s'évanouir, c'est le terme exact, de chaque côté d'une table. Je ne savais pas qu'une chaleur pareille était possible, que l'on pouvait vivre dans cette zone maudite. Le train s'ébranle. [...] Et l'incendie des Indes chauffe à blanc les tôles, les vitres, les bois, nous couvre d'une colle qui ruisselle, hausse jusqu'à l'écœurement une température dont les ventilateurs battent la pâte gluante.

JEAN COCTEAU, 1936

280 | Voiture-bar du Palace on Wheels (POW), 1985. Ce train prestigieux – avant qu'il ne soit reconstitué à l'identique d'après les wagons d'origine réunis en 1981 – ne fonctionnait que six mois par an, d'octobre à mars. L'absence de climatisation interdisait les croisières d'été. Il faut dire que le POW, à ses débuts, était exclusivement réservé à une clientèle occidentale, forcément peu habituée aux canicules de l'Inde. Depuis, le train est également accessible à la clientèle indienne.

289 | Sawai Madho Singh II, prince de Jaipur, accueille le vice-roi des Indes qui toujours voyageait dans un train spécial de couleur blanc et or, années 1890. Quand le vice-roi allait à Jaipur, son train empruntait le chemin de fer privé du maharadjah ; cette voie conduisait directement au palais princier, le Rambagh Palace.

290 | Voyageurs au départ de la gare de Madura en 1913, vérascope, photographie de Tartier. Dès la création de leurs chemins de fer, les Indiens y ont imaginé un véritable art de vivre. Les trajets de nuit, en première et seconde classe, engendrent par exemple l'« invention » des beddings, énormes ballots que les familles embarquent avec elles. Le bedding standard contenait tout ce qu'il fallait pour passer une nuit confortable : matelas, draps, couvertures, pantoufles et objets de toilette.

Nous courons toujours vers le nord-ouest, vers le pays musulman. Mon Dieu ! que cette campagne est belle ! Des plaines interminables et désertes, par instant argentées du frissonnement blanc des grands roseaux. Jusqu'à l'horizon, ils se pressent les uns contre les autres, dressant hors de leurs gaines leurs très hautes tiges sèches et droites, où tremble un plumet pâle et léger comme une fumée. Quelquefois des antilopes détalent d'un trot menu et puis s'arrêtent, leur course légère un instant suspendue, un pied levé, leurs fines têtes tournées vers nous avec anxiété. Très graves, des cigognes et des hérons nous regardent passer. Le grand ciel est vaporeux de lumière : devant nous les rails fuient en lignes rigides et luisantes, se rencontrent là-bas vers un point que nous n'atteignons jamais.

André Chevillon, 1891

291 I Escale en gare d'Udaipur, POW, 1985. Chacun des wagons du POW porte le nom d'un des États du Rajasthan (« pays des Seigneurs ») et arbore le blason du maharajah qui en fut le maître. Aux escales, les passagers – comme le furent autrefois les hôtes de marque – sont reçus dans les palais princiers, aujourd'hui transformés en hôtels. À Jaipur, ils déjeuneront au Rambagh Palace (ouvert au public en 1957) ; à Jodhpur, à l'Umaid Bhawan Palace (où le maharajah réside encore) ; à Udaipur, ils s'installeront à la terrasse du Lake Palace Hotel.

292 I Locomotive du POW : livrée ivoire et frises de fleurs, comme pour le reste du train. Suite au succès du POW, d'autres trains du même type, très luxueux, ont été créés. Certains proposent, eux aussi, la découverte du Rajasthan, parfois le temps d'un week-end, comme à bord du Fairy Queen : un train confidentiel qui n'accueille que cinquante passagers mais dont la locomotive est inscrite au *Guinness Book* des records. C'est en effet la plus vieille locomotive encore en service au monde. Elle fut construite en 1855 par la firme britannique Kinston, Thompson & Hewitson pour le compte de l'East India Railways.

293 I Dans la voiture-bar, une partie du personnel du POW. Dans les années 1980, et durant chaque croisière, le personnel à bord était constitué d'environ soixante employés, sans oublier cinq soldats veillant à la sécurité du convoi.

C'est en compagnie du maharajah de Barathpur que nous continuâmes notre voyage. [...] Son wagon privé fut attaché aux nôtres et, par les fenêtres, nous apercevions ses Rolls bordées d'or et d'argent qui défilaient devant lui, avant de prendre la route vers le Sud. À la gare de Mysore, nous attendaient douze maharajahs et autant de rajahs [...]. Nos automobiles et celles des autres princes étaient là et c'est un gigantesque cortège qui prit le chemin du palais.

VITOLD DE GOLISH, 1973

294 | Un des deux wagons-restaurants du POW, 1985.
La semaine de croisière à bord du POW est également considérée comme un séjour gastronomique. Les deux wagons-restaurants proposent des menus européens ou indiens. En ce qui concerne ces derniers, les passagers véritablement amateurs de cuisine locale restent un peu sur leur faim : dans le souci de satisfaire la clientèle occidentale, les curries et *tandoori* sont, dit-on, très peu (trop peu ?) épicés.
295 | Sur une île du lac Pichhola, le Lake Palace Hotel, Udaipur.
C'est en 1961 que le maharana d'Udaipur décide de transformer le Jag Niwas Palace (bâti en 1746) en hôtel, sous le nom de Lake Palace Hotel.

Notre délégation comprenait seulement une trentaine de personnes, dont [la fille du maharajah Raghoubir] Kamala, sa deuxième épouse et sa cinquième, c'est-à-dire Jenny. Près de deux mille kilomètres nous séparant de Mysore, Raghoubir choisit de voyager en chemin de fer. Il se fit toutefois précéder par vingt de ses voitures, les plus prestigieuses, pour qu'elles nous attendent à la descente du train. [...]

Ramgopal conclut des arrangements avec la direction des chemins de fer pour faire ajouter aux convois nos trois wagons. Celui de Raghoubir était en bois précieux, tapissé de velours : rose dans la partie réservée aux femmes et vert dans celle des hommes. Cette dernière, plus spacieuse, se composait d'un séjour avec des fauteuils à l'européenne, d'un compartiment pour dormir doté d'une salle d'eau, et d'un autre, transformé en chapelle. Celle-ci abritait les statues des divinités familiales, ancêtres de Raghoubir et un coffre-fort, muni de serrures impressionnantes, contenant les bijoux dynastiques et les fonds pour le voyage. La partie des femmes était constituée d'une grande pièce arrangée à l'indienne, avec des tapis, des poufs et matelas pour s'y étendre. Il y était adjoint une pièce d'eau très confortable.

VITOLD DE GOLISH, 1973

PALACE ON WHEELS
PALACE ON WHEELS
16631
WDM2B
16631
WDM2B
16631

294

1993

L'Eastern and Oriental Express

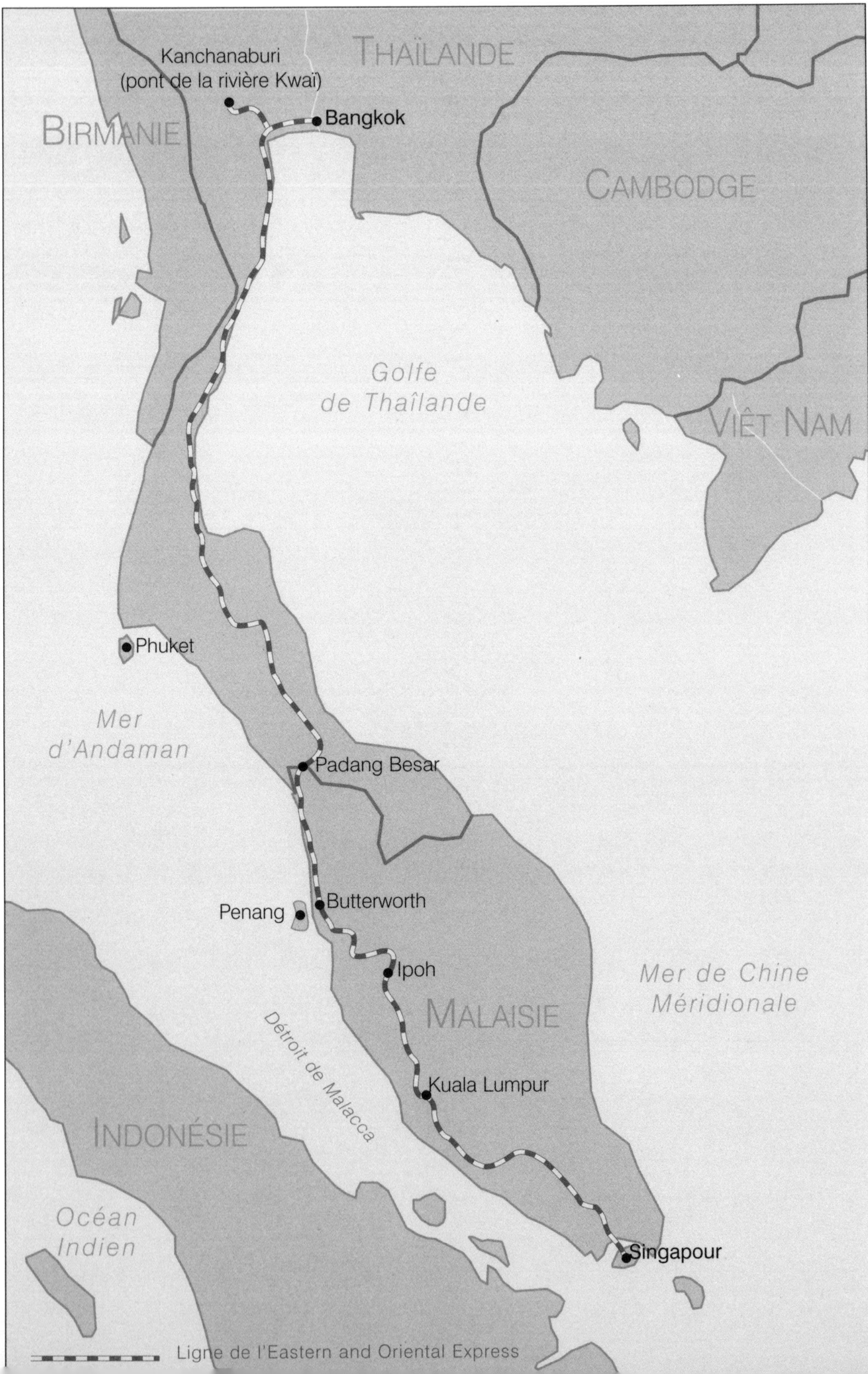
Thaïlande
Kanchanaburi
(pont de la rivière Kwaï)
Bangkok
Birmanie
Cambodge
Golfe
de Thaïlande
Viêt Nam
Phuket
Mer
d'Andaman
Padang Besar
Penang
Butterworth
Ipoh
Mer de Chine
Méridionale
Malaisie
Détroit de Malacca
Kuala Lumpur
Indonésie
Océan
Indien
Singapour
Ligne de l'Eastern and Oriental Express

Tous les routards amoureux de l'Asie connaissent la ligne Bangkok-Singapour. Soit 2 000 km du Nord au Sud, ou inversement. La version (un peu) aventureuse, amusante et (très) économique de ce voyage commence à bord de l'Express international qui part tous les jours de Bangkok, par la grande gare victorienne de Hua Lamphong. Dans l'autre sens, on embarque à Singapour et on rejoint l'Express de Bangkok à Butterworth. Mais là, sur la péninsule malaise, l'Express change de nom : on l'appelle l'Ekspress Antarabangsa. Les deux trains, le Malais et le Thaï, ont chacun un charme particulier et quelques qualités en commun. Ils partagent par exemple de très confortables aménagements, même en seconde classe. C'est merveille de voir avec quelle facilité les compartiments de places assises – rangées de part et d'autre d'une allée centrale – se métamorphosent en longs dortoirs de pensionnat, plutôt agréables : de bons draps frais pour chaque couchette ; une petite bouteille d'eau bien capsulée déposée sur l'oreiller ; et un rideau qui préserve l'intimité. Sans parler des douches, grandes cabines de métal nu, juste percées d'une bonde au milieu du sol. C'est propre, simple, accessible à tous et très exotique pour un voyageur habitué au peu de commodités des trains occidentaux (trains de luxe exceptés, bien sûr).
Sur le train thaï, l'un des bonheurs du voyage tient sans aucun doute à l'indéfectible gentillesse du personnel. Rien d'étonnant : l'amabilité est réglementaire. Les instructions données aux employés des chemins de fer – telles qu'elles sont affichées dans la plupart des gares du pays – sont claires : « Souriez sans cesse, exprimez-vous agréablement et avec politesse ; soyez aimable, charmant, serviable et gracieux, essayez de ne jamais dire non, gardez votre calme pour garder votre emploi. » Tout cela étant suivi à la lettre… qui s'en plaindrait ? Autre agrément : le wagon-restaurant. L'endroit est vivant, joyeux, populeux et parcouru de serveurs qui transportent en équilibre d'immenses plateaux chargés de poulet au lait de coco, de soupes de crevettes ou de porc frit. On mange bien à bord de l'Express international. En Thaïlande comme en Inde, il y a dans les trains un plaisant art de vivre qu'orchestrent la débrouillardise et le vrai sens pratique. À bord des trains malais, on quitte la civilisation du sourire : le personnel s'en tient à une courtoisie minimale. Mais dès qu'on aborde le tronçon de voie ferrée qui va d'Ipoh vers Kuala Lumpur, rien d'autre n'a d'importance que ce qui se passe derrière la vitre. Le train s'insinue

dans une tranchée de terre rouge, entre deux murs de feuillages, si proches qu'on pourrait, en tendant la main, attraper une liane au passage. C'est la jungle, au pied des montagnes bleues, dans la touffeur des palmes, des fougères géantes et des marais rougis de lotus. Sur les hauteurs, la « forêt des brouillards » se voile de brumes blanches. Le magnifique paysage de ces jungles malaises, qui dorment là depuis des millions d'années, vaut largement la peine que l'on se donne pour venir jusque-là. Car, tout de même, la ligne Bangkok-Singapour, pour fabuleuse qu'elle soit, n'en est pas moins assez malcommode, à quelques égards. À commencer par les tracasseries inhérentes au passage frontalier, entre Thaïlande et Malaisie, à Padang Besar où tous les passagers descendent du train. L'épisode peut aussi bien durer dix minutes que des heures, suivant l'humeur des douaniers, impertubables et n'hésitant pas à retenir les voyageurs jusqu'à leur faire manquer la correspondance. De toute façon, les problèmes de correspondances sont la règle sur cette ligne. Aux changements obligatoires de Butterworth et de Kuala Lumpur, où souvent on arrive plus tard que prévu, il faut dormir sur place, en attendant le prochain départ.

Il fut un temps où la ligne ne desservait que la péninsule malaise. Jusqu'en 1916, date de l'achèvement de la section sud des chemins de fer siamois, il n'est pas d'autres moyens que le bateau à vapeur pour remonter de Singapour à Bangkok. En revanche, toute la façade occidentale de la Malaisie est déjà équipée. La première voie ferrée, inaugurée en 1885, relie Taiping à Port Weld pour donner une ouverture maritime au commerce de l'étain, déjà florissant. Quelques années plus tard, la production du caoutchouc, en pleine expansion, s'ajoute au succès de l'étain. Et le chemin de fer suit, outil et conséquence de cet âge d'or, dans un climat d'optimisme dont témoigne l'architecture des gares. Celle de Kuala Lumpur, bâtie en 1911 et plus belle qu'une mosquée, multiplie les coupoles dorées, minarets, gracieuses arcatures et auvents dentelés, dans un style mauresque colonial des plus chantournés. Dans l'île de Penang, la gare (1905) est moins somptueuse mais plus folle encore et certainement unique en son genre : immense, dotée d'un imposant clocher, d'un chef de gare, de guichets et d'une salle d'attente, elle ne servait qu'à la vente des billets, pour toute la Malaisie. Point de rails ni de quai… le train n'est jamais venu jusque-là ! C'est de l'autre côté de la mer, à Butterworth, sur le continent, que passe la voie ferrée ; et c'est là que, dans les années 1920, s'embarquent les fonctionnaires anglo-saxons pour rejoindre le golfe du Siam et la station balnéaire de Hua-Hin, très courue, où l'on se baigne coiffé du casque colonial.

En tout cas, malgré la correspondance des lignes thaï et malaises, jamais il n'y eut de train direct sur la ligne Bangkok-Singapour. Sauf, pour la première fois, en septembre 1993, lors de l'inauguration de l'Eastern and Oriental Express. C'est à l'origine un train construit en 1972 dans des ateliers japonais, mis en service en Nouvelle-Zélande sous le nom de Silver Star, puis abandonné. James Sherwood, le milliardaire américain qui relança la mode des trains de luxe dans les années 1980, le rachète, le confie à un décorateur français, fait réaliser les travaux à Londres et expédie le train rénové à Singapour, par bateau. On met alors sur les rails un convoi de 22 voitures, mélange composite du légendaire Orient-Express, du *Shangaï-Express* imaginé en 1937 par le réalisateur Josef von Sternberg, avec une touche d'artisanat thaï, et une touche coloniale, le tout lambrissé de bois odorants… du faux-vrai très réussi et plein de charme. Une fois par semaine, l'Eastern and Oriental Express prend la route, faisant escale deux fois pour des excursions de quelques heures, au pont de la rivière Kwaï et sur l'île de Penang. Le reste du temps, c'est-à-dire durant trois jours et deux nuits, on musarde : *five o'clock tea* dans la voiture-salon, sieste dans le cocon précieux de la cabine, toute fleurie d'orchidées, dîner aux accents du piano-bar… Le service est parfait : un employé pour trois passagers, c'est la règle d'or de l'hôtellerie de luxe avec, en plus, un mage qui vous lit les lignes de la main. Mais le plus délicieux, c'est la voiture panoramique, en bout de convoi, plate-forme roulante ouverte à tous les vents, aux parfums humides et chauds de la jungle, à l'incessante mélopée des insectes… Sur cette ligne Bangkok-Singapour, en train de luxe ou en simple Express, c'est tout de même la jungle qui – au final – hantera les souvenirs.

Il y a quelques années, près de Bukit-Gantang, une tigresse et ses deux petits qui se promenaient sur la ligne de chemin de fer arrivèrent jusqu'au quai de la gare. Ils s'allongèrent pour dormir sous le guichet de distribution des billets et le lendemain matin s'en allèrent ; on vit nettement sur la poussière les empreintes laissées par les plis de la peau de la tigresse ainsi que les larges traces de ses pattes et les traces moins grandes des pattes de ses deux petits. [...] Par bonheur, aucun voyageur ne vint prendre de billet à la petite gare cette nuit-là.

ROBERT FORAN, 1936

296 | Eastern and Oriental Express remontant la péninsule malaise vers le nord, entre Singapour et Butterworth.
305 | Gare de Hua Lamphong, Bangkok. Il y a deux grandes gares à Bangkok. Depuis celle de Hua Lamphong partent les trains vers le Nord, le Nord-Est et certains trains vers le Sud dont l'Eastern and Oriental Express.
306 | Sur les quais de la gare de Hua Lamphong. À gauche, les plaques que l'on accroche sur les wagons pour indiquer la destination des convois. À droite, la cloche qui retentit, juste avant le départ des trains, pour inviter les passagers à rejoindre leurs voitures.
307 | Vue générale des quais de la gare de Hua Lamphong. Cette gare fut construite en 1890 sur le modèle de l'Old Central Station de Manchester (Grande-Bretagne), elle-même bâtie en 1876. Les deux gares ont en commun cette audacieuse architecture en demi-cercle, d'un seul jet, sans pilier central. La première ligne qui fut construite depuis cette gare desservait Nakhon Ratchasima (ex-Korat, au nord-est de Bangkok). C'est au tout début des années 1920 que sont inaugurées les lignes qui montent vers la frontière birmane, et la ligne du Sud qui rejoint la Malaisie.
308 | Avant de prendre sa route vers le Sud, l'Eastern and Oriental Express fait un détour vers l'Ouest, pour rejoindre – à 130 km de Bangkok, environ – Kanchanaburi, bourgade située le long de la rivière Kwaï sur laquelle fut bâti le très célèbre pont du même nom.

La gare [de Kuala Lumpur] doit être la plus belle du monde et certainement son style et son architectures sont uniques. Tout d'abord, on ne comprend pas très bien quelle est la destination de l'édifice et l'on est excusable de le prendre pour une mosquée. De plus, sa couleur d'un blanc de neige et les deux tours qui s'élèvent à ses deux extrémités comme des minarets lui donnent un aspect mauresque. Juste en face, se trouve la Direction des Chemins de fer, bâtie dans le même style et qui, m'a-t-on certifié, est plus ornementale qu'utile. Il semble que les frais qu'ont entraîné la construction des deux bâtiments aient été excessifs, quand on se rappelle combien de temps Pahang, Trengganu, Kelantan et les parties orientales de Johore ont dû attendre les chemins de fer dont ils avaient un si grand besoin.

ROBERT FORAN, 1936

309 I Affichette et membre du personnel de l'Eastern and Oriental Express. Le logo et les initiales – E & 0 – du luxueux Express rappellent sans ambiguïté un homonyme très célèbre dans la région et renommé dans le monde entier : l'Eastern & Oriental de Penang, en Malaisie. Il ne s'agit pas cette fois d'un train mais d'un palace plein de charme, bâti en front de mer dans les années 1880, et qui fut un temps le rendez-vous de l'élite internationale voyageant en Asie. Cet hôtel avait été fondé par les frères Sarkies, propriétaires d'une autre légende asiatique : le Raffles Hotel de Singapour.
310-311 I Wagon-restaurant de l'Eastern and Oriental Express. Outre la référence nostalgique au palace anglo-malais du même nom, l'Eastern and Oriental a été conçu en hommage à l'Orient-Express. La filiation est très explicite dans le wagon-restaurant où l'argenterie et la verrerie en cristal rappellent précisément celles du légendaire train de luxe.
312-313 I L'Eastern and Oriental Express traversant le pont de la rivière Kwaï. À Kanchanaburi, première excursion : tous les passagers descendent du train pour rejoindre en bateau le pont, tristement célèbre, de la rivière Kwaï. Ce pont est le vestige du « chemin de fer de la mort » dont les Japonais entreprirent la construction durant la Seconde Guerre mondiale. Il s'agissait de bâtir 415 km de voie ferrée à travers la Thaïlande pour rejoindre

la Birmanie : 61 000 prisonniers de guerre (britanniques, hollandais, australiens, américains...) furent employés sur le chantier ainsi que 250 000 travailleurs asiatiques (thaï, malais, birmans...), enrôlés de force en 1942. Nombre de ces hommes mourront de maladie (malaria, dysentrie), des maltraitances de leurs gardes japonais, ou sous les multiples bombardements du pont. Après la visite du musée local, les passagers de l'Eastern and Oriental Express, un peu étourdis par la chaleur et toutes ces évocations dramatiques, retrouvent leur cabine pour le *five o'clock tea*.

314 ı Soleil levant et petit-déjeuner dans la cabine (5,8 m^2 de boiseries précieuses, d'orchidées, et de coussins moelleux). Le passager a 2 000 km de voie ferrée devant lui, et tout le temps qu'il faut : en vitesse de pointe, l'Eastern and Oriental Express ne dépasse pas les 60 km à l'heure.

315 ı À gauche, une carte ancienne figurant le tracé des chemins de fer de Malaisie, vers 1910. À droite : le service des cabines à bord de l'Eastern and Oriental Express.

316 ı Paysage de rizière lors de la traversée du pont de Tha Chompu, Thaïlande.

317 ı Embarcadère des ferries pour l'île de Penang, Malaisie, vers 1910. L'Eastern and Oriental Express arrive à Butterworth, en Malaisie, assez tôt, après le petit-déjeuner. Ici, les passagers vont de nouveau faire escale, pour quelques heures, afin d'aller visiter l'île de Penang, la plus ancienne colonie britannique de la péninsule malaise. Depuis 1985, un pont relie Butterworth et le continent à l'île de Penang. Cependant il est excentré, assez malcommode et du coup, les passagers du train, comme on l'a toujours fait, prennent le ferry. Évidemment, durant leur visite de l'île, on les emmène déjeuner sur la grande terrasse en front de mer de l'Eastern and Oriental Hotel.

318 ı Pont enjambant la voie ferrée, Kuala Lumpur, Malaisie, vers 1915. On aperçoit, au fond, les extravagants bâtiments de la gare et des bureaux des chemins de fer de Malaisie. L'Eastern and Orient Express ne s'arrête pas à Kuala Lumpur, d'ailleurs, dans le sens Bangkok-Singapour, il traverse la ville dans la nuit. En revanche, sur les autres compagnies, Kuala Lumpur est un arrêt obligatoire. Il arrive même qu'on doive y passer la nuit en attendant le prochain train : il faut alors dormir à l'Heritage Station Hotel qui fait partie du bel édifice mauresque de la vieille gare.

319. Véranda menant aux chambres du Raffles Hotel, Singapour, années 1980. À l'issue de ses 3 jours et deux nuits de périple, l'Eastern and Oriental Express arrive à Singapour, terminus du voyage, et grand terminal du business international avec pourtant, ici et là, quelques îlots victoriens comme le Raffles Hotel, inauguré en 1887.

La ligne de Malaisie, entre Penang et Singapour, vers 1915.

306

SINGER
7 6
5
4
3

EASTERN & ORIENTAL EXPRESS

E&O
Singapore · Bangkok
Chiang Mai · Kwai · Penang
Kuala Lumpur · Kwai
Singapore · Kwai · Bangkok

สะพานแควใหญ
RIVER KWAI BRIDG

CHARLES CHAPLIN

MAP
of the
STRAITS SETTLEMENTS
and
FEDERATED MALAY STATES
1907
SCALE: 30 MILES TO AN INCH
GULF OF SIAM
SIAM
SAIBURI
KOTA BHARU
KELANTAN
TRENGGANU
PERAK
DINDINGS
PAHANG
PEKAN
SELANGOR
NEGRI SEMBILAN
MALACCA
JOHOR
KOTA TINGGI
JOHOR BHARU
SINGAPORE
SUMATRA
CHINA SEA
STRAITS OF MALACCA
TAIPING
SEREMBAN
PORT DICKSON
Longitude East 102° from Greenwich

318

2000 Les Trains des Andes

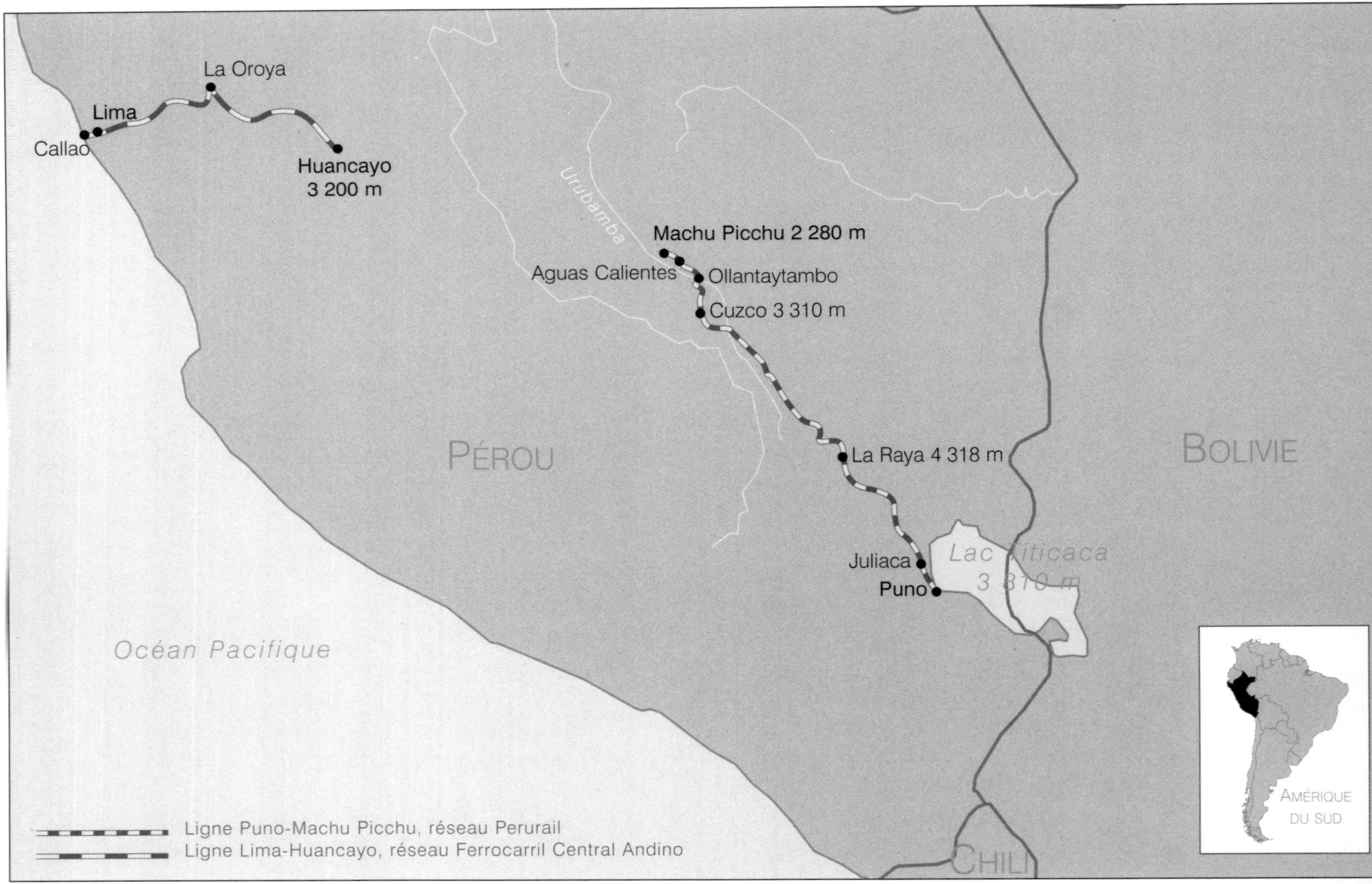
La Oroya
Lima
Callao
Huancayo
3 200 m
Urubamba
Machu Picchu 2 280 m
Aguas Calientes
Ollantaytambo
Cuzco 3 310 m
La Raya 4 318 m
PÉROU
BOLIVIE
Juliaca
Puno
Lac Titicaca
3 810 m
Océan Pacifique
AMÉRIQUE
DU SUD
CHILI
Ligne Puno-Machu Picchu, réseau Perurail
Ligne Lima-Huancayo, réseau Ferrocarril Central Andino

Il paraît que l'Américain Hiram Bingham, troisième du nom, aurait inspiré le personnage d'Indiana Jones. De fait, Hiram avait les qualités requises : une enfance exotique à Honolulu et une éducation très stricte, un diplôme à l'université de Yale en 1898, un autre à Berkeley en 1900, un troisième à Harvard, cinq ans plus tard ; et, finalement, en 1907, une chaire d'histoire sud-américaine sur le lieu de ses premiers succès universitaires, à Yale. Ajoutons à tout cela un certain goût pour le mystère et les entreprises audacieuses : on obtient, en effet, un aventurier de type romanesque. Il ne reste plus qu'à le mettre en scène. En 1908, notre jeune historien, après un séjour professionnel au Chili, emprunte le service de steamers du lac Titicaca et débarque au Pérou. Là, il prend le train pour Cuzco, terminus de la ligne et « nombril » de l'empire inca. La cité coloniale, groupée autour de ses églises à coupoles, mêlée aux souvenirs des temples du Soleil et des jardins d'Or, l'amène à revenir très vite. Trois ans plus tard, durant lesquels il se prépare à rechercher ces cités incas inexplorées dont certains documents font mention, Hiram Bingham est de nouveau à Cuzco. Comme la fois précédente, le train ne va pas plus loin. L'historien rejoint donc par ses propres moyens le petit village d'Ollantaytambo et de là, il remonte à dos de mule le canyon de la rivière Urubamba. Le 24 juillet 1911, ses guides – le sergent Carrasco et le paysan Melchor Arteaga – le mènent jusqu'à un site invisible depuis la vallée et rayé de la mémoire des hommes. C'est Machu Picchu, dans le silence de son immense solitude, avec ses temples, ses palais, ses murailles que la forêt dévore, depuis quatre siècles. Bingham sera de retour en 1912 et 1915, tandis que des fouilles sont entreprises avec le soutien de Yale et de la National Geographic Society. En 1913, on commence à prolonger la ligne de chemin de fer depuis Cuzco. Elle ne rejoindra finalement Machu Picchu qu'en 1948… c'est un peu de répit pour ce beau site que les touristes ne pourront atteindre avant cette date, l'accès n'étant possible que par le train. À moins, et c'est toujours vrai aujourd'hui, que comme Bingham on ne fasse le trajet à pied ou à dos de mule.

En tout cas, le succès international du livre, *Lost City of the Incas*, qu'Hiram Bingham écrivit à la suite de cette découverte, révèle Machu Picchu au monde entier. Aujourd'hui le site est l'un des plus visités de la planète et Hiram Bingham est – depuis 2003 – le nom d'un train de luxe qui mène les touristes les plus fortunés de Cuzco

à Aguas Calientes, dernier village avant la Cité perdue. En livrée bleue et or, l'Hiram Bingham quitte quotidiennement Cuzco à 9 heures du matin (sauf le dimanche) pour une croisière d'une journée. Petit-déjeuner à bord, tandis que le train se hisse sur les hauteurs de Cuzco, puis descend sur le plateau d'Anta où défilent, au pied des Andes, des champs et jardins luxuriants, de petits villages multicolores. À hauteur de Huarocondo, le paysage se resserre tandis que la voie de chemin de fer s'insinue dans l'entonnoir d'une gorge qui, finalement, rejoint la rivière Urubamba, laquelle baigne le Vallée sacrée sur toute sa longueur. Là, pendant qu'on pense à Bingham, à cheval sur sa mule, parcourant le même canyon sous un soleil impitoyable, on arrive à Ollantaytambo où le brunch est servi dans les deux voitures-restaurants. C'est la dernière partie du trajet, la plus mystérieuse, à travers la forêt tropicale, comblée d'orchidées, parcourue d'oiseaux-mouches, et jalonnée de terrasses et ruines incas. On arrive à Aguas Calientes au moment précis (tout cela a été finement calculé) où les touristes « ordinaires » quittent le site archéologique pour aller déjeuner. C'est donc dans une relative tranquillité que les heureux passagers de l'Hiram Bingham visitent Machu Picchu, tout à loisir, jusqu'à la tombée du jour, avec un petit intermède au Sanctuary Lodge pour l'*afternoon tea*.
L'Hiram Bigham rebrousse chemin dans la nuit, tandis que les glaçons tintent dans les verres à cocktail : l'arrivée est prévue à 21 heures 30, à Cuzco.
De là, et dès le lendemain si l'on veut, on peut prendre la ligne dans le sens opposé, de Cuzco à Puno, avec – en apothéose – l'arrivée au lac Titicaca. La même compagnie ferroviaire, Perurail, propose dans cette direction un autre train très élégant : l'Andean Explorer. C'est un beau trajet, qui remonte les rives verdoyantes du rio Vilcanota, puis traverse la pampa herbeuse et peuplée de vigognes. Jusqu'à la baie de Puno, sorte d'antichambre du lac Titicaca, dont on aperçoit de loin les grandes étendues marécageuses, peuplées d'ajoncs. Attention toutefois de ne pas faire une confusion très commune qui consiste à dire que cette ligne ferroviaire est la plus élevée du monde. On le lit souvent, à propos du col de La Raya – où les trains s'arrêtent un moment –, qui culmine à 4 318 m. Or le plus haut col ferroviaire du monde n'est pas ici. C'est celui de La Galera, à 4 786 m, sur la ligne Lima-Huancayo que l'on appelle aussi la ligne Centrale. La ligne de Lima n'a pas de correspondance avec celle

de Cuzco. De toute façon, au Pérou, pas de transpéruvienne ni de larges circuits nationaux : les lignes ne sont pas reliées entre elles. Ce morcellement est la conséquence d'une histoire polico-ferroviaire très difficile. Pourtant, ici, les chemins de fer démarrent assez tôt : dès 1856, il y a une petite ligne entre Lima et son port industriel, Callao. Au début des années 1870, le projet d'un réseau au Sud (celui que commande Cuzco) et celui d'un réseau central (par Lima) sont bien mis en place et suivis simultanément. La guerre contre le Chili, de 1879 à 1883, stoppe cette évolution, avec des suites catastrophiques puisque, au lendemain du conflit, 500 km de rails sont perdus sur les 1 500 qui avaient été construits. La suite se résume à la main-mise des Anglo-saxons sur le chemin de fer péruvien. En 1890, Lima – pour effacer sa dette extérieure – cède à Londres l'exploitation de ses voies ferrées, engage tout son stock de guano (deux millions de tonnes) et accepte de régler des annuités en remboursement partiel de son passif. En contrepartie, l'Angleterre s'engage à développer le système ferroviaire et à construire de nouvelles lignes. En fait, ce contrat sera sans cesse remis en question, de sorte qu'en réalité – d'un côté comme de l'autre – il ne se passera pas grand chose. Pour finir, dans les années 1930, beaucoup de lignes existantes seront remplacées par d'autres moyens de transport.

En tout cas, depuis l'an 2000, l'impact touristique des chemins de fer locaux étant évident, le système péruvien a été très largement rénové. C'est le cas sur la ligne du Sud. C'est vrai aussi du côté de Lima où, par ailleurs, le réseau avait été peu à peu fermé aux touristes en raison des dangers que présentait la guérilla du Sentier Lumineux. Désormais, chaque jour, des trains – nouvellement équipés – quittent la gare de Desamparados, à Lima, pour gagner Huancayo. Un trajet vertigineux que jalonnent 68 tunnels et 61 ponts dont le très célèbre Infiernillo ou le Carrion, suspendu à 76 m au-dessus de gorges de Verrugas, sur une portée de 174 m. Époustouflant ! Et de fait, le touriste, sur ces sommets andins, perd le souffle. Mais tout est prévu : il y a toujours, à bord, une infirmière et des bouteilles d'oxygène.

Par toute une succession de paliers mouvementés, le petit train nous a hissés hors de la vallée dans laquelle est bâti Cuzco, après quoi la voie court en ligne droite sur un plateau où la végétation est rare. Seuls y viennent, tout au long des berges des nombreux torrents, l'omniprésent eucalyptus et le bouleau. Ensuite les rails ont dévalé la gorge dans laquelle coule la rivière Urubamba. [...] Le paysage se transformait rapidement tandis que nous plongions de strate en strate, et enfin nous avons roulé dans une forêt tropicale où abondaient le bambou, la prêle, d'éclatantes fleurs, les papillons, les hérons, des nuées de palombes et des compagnies de perruches vertes qui fusaient des feuillages, cependant que les eaux bleu-vert du rio Urubamba (lequel se jette dans le Marañon, qui lui-même est tributaire de l'Amazone), dégringolaient en bondissant au milieu de grandes roches blanches [...]. De place en place nous entrevoyions le long de la rive une levée d'époque inca dont l'appareillage envahi par les herbes était encore intact, [...] et nous apercevions l'ancienne chaussée inca qui grimpait, oblique, dans la montagne.

PATRICK LEIGH FERMOR, 1991

Gare de Juliaca, sur le trajet Puno-Cuzco, dans les années 1920.

320 I L'Andean Explorer
(du réseau Perurail) en arrêt au
col de La Raya, sur la ligne
Cuzco-Puno.
329 I En route pour Machu
Picchu, un train du réseau Perurail
quittant Ollantaytambo. La ligne
Machu Picchu-Cuzco (ainsi
que Cuzco-Puno) est aujourd'hui
entièrement exploitée par
la compagnie Perurail, filiale
de la société anglaise Orient-
Express. Outre le très luxueux
Hiram Bingham, Perurail propose
sur ce même trajet d'autres trains
pour touristes, financièrement
plus accessibles : le Vistadome
(train panoramique) ou le
Backpaper (décoré de manière
plus typique, dans une ambiance
plus simple). C'est également
Perurail qui gère le transport des
habitants de la région. Suite
à des accords pris avec
le gouvernement, Perurail exploite
ces trains locaux à perte,
à des prix extrêmement bas.
Les touristes n'y sont pas admis.

330-331 ı Trains de la ligne Centrale (Lima-Huancayo), 1985. Sur ces lignes d'altitude, où certaines gares sont à plus de 4 000 m, le passage de la vapeur au diesel n'a pas été simple. Les premières locomotives diesel de la ligne étaient de fabrication américaine donc mal adaptées à la très haute montagne. Il fallut envisager des modifications techniques. Le problème ne s'était jamais posé avec les locomotives à vapeur dont le rendement augmente avec l'altitude : tout là-haut, l'eau bout à 60 °C.

332-333 ı Environs du lac Titicaca, sur la ligne Cuzco-Puno, 1985.

334-335 ı Le Cuzco-Puno traversant l'*altiplano* à hauteur du col de La Raya, 1985. Dans la pampa herbeuse, on peut voir paître en liberté des centaines de lamas, alpagas, vigognes et guanacos.

336-337 ı L'Andean Explorer (réseau Perurail) entre Cuzco et Puno. Dans ce train, les voitures de première classe ont été aménagées dans le style des wagons Pullman des années 1920.

338 ı Aux environs d'El Arco, après la montée que le train doit gravir en sortant de Cuzco.

339 ı Vue sur Cuzco, tandis que le train gagne les hauteurs de la ville pour prendre la route de Machu Picchu.

340 ı Train Vistadome en gare d'Ollantaytambo, 2004. Cette photo est prise depuis le balcon de l'hôtel El Albergue, petit établissement installé dans une sorte de vieille annexe de la gare et dont la porte donne directement sur le quai. Aux dernières nouvelles, il était tenu par une Américaine.

341 ı Employé connectant deux convois de trains Vistadome (Perurail), en gare d'Ollantaytambo, 2004. Il est impossible d'accéder à Machu Picchu autrement que par le train (à moins de faire le trajet à pied). Les cars de touristes peuvent éventuellement aller jusqu'à Ollantaytambo mais, là, le transfert est obligatoire : il faut quitter la route pour le rail.

342 ı Dans les gares péruviennes, ou même le long des voies quand le train passe lentement, les enfants s'amusent à grimper sur le marchepied, 1985.

343 ı En gare d'Ollantaytambo, très tôt le matin, 2004. Tout le monde se prépare pour l'arrivée des touristes du jour : les porteurs qui offrent leurs services à ceux qui font à pied le « chemin de l'Inca » ; et les vendeurs de souvenirs qui partent rejoindre Aguas Calientes.

344 ı Musiciens à bord d'un des trains de luxe du réseau Perurail.

345 ı Au nord-ouest de Chillca, tandis que le Vistadome roule vers Machu Picchu, les passagers peuvent apercevoir – de l'autre côté de la rivière Urubamba – les randonneurs qui empruntent le « chemin de l'Inca ». Ce chemin est le trek le plus populaire du Pérou : cette route de 43 km, construite par les Incas, mène directement au Machu Picchu.

346 ı Dans la vallée de l'Urubamba, vers Machu Picchu.

347 ı Plateforme découverte de la voiture d'observation d'un des trains de luxe de Perurail.

348 ı Arrivée à Aguas Calientes, petit village niché au pied de Machu Picchu. De là, les touristes prennent le car pour monter jusqu'à la cité inca.

349 ı Train régulier local, assurant le transport des passagers péruviens, années 1990.

350 ı Sur la route de Machu Picchu, l'Hiram Bingham franchissant un tunnel bâti en 1928.

351 ı Traversée d'Aguas Calientes, 1985. Ce village, qui n'est desservi que par le train, vit au rythme des arrivées et des départs, organisant toute son activité autour des touristes.

352 ı Gare perdue au milieu de la pampa, entre Puno et Cuzco.

330

618

127

PERURAIL

217

C
D
E

CAFE INTERNET-RES
484

ANNEXES

Index des noms propres

O

P

Q-R

S

Table des citations

Page 31
Émile Delmas, *Java, Ceyla « Les Indes », excursion sous l'équateur et la zone torride*, Paris, Librairie de l'art, 1898

Page 32
Hugues Krafft, *Souvenirs de notre tour du monde*, Paris, Librairie Hachette et Cie, 1885

Pages 33, 34
André Chevrillon, *Dans l'Inde*, Paris, Librairie Hachette et Cie, 1891

Page 36
Claudine Canetti, *L'Inde buissonnière*, ed. Albin Michel, Paris, 1961

Pages 60, 62, 64
Edmond About, De Pontoise à Stamboul, Hachette, 1883

Page 61
Georges Boyer, *Le Figaro*, 20 octobre 1883

Page 63
Paul Morand, *Venises*, L'imaginaire/Gallimard, 1983

Page 94
Philippe Deschamps, *Vingt mille lieux à travers le monde dédié à la jeunesse studieuse de France et de Russie, récits des voyages faits par P. Deschamps en Europe, Asie, Afrique et Amérique*, E. Leroux éditeur, Paris, 1900

Page 95
Jack London, *Les vagabonds du rail* (The Road), 1907

Page 132
Albert Roussy, *De Genève à Irkoutsk*, 1883 (www.cottier.org/siteatelier/siberie/txtirkou.html)

Page 133
John Forster Fraser, *The Real Siberia*, Cassel and Co, Londres 1902

Page 134
Théophile Gautier, *Voyage en Russie*, Charpentier, Paris, 1866

Page 136
M. G. Weulersse, *Au Petchili et sur les frontières de Mandchourie*, 1901

Page 166
Evelyn Waugh, *Hiver africain, Voyage en Éthiopie et au Kenya*, 1930-1931, Payot, Paris, 1992

Page 167
Karen Blixen, *La Ferme africaine* (1937), Gallimard, Paris, 1942

Page 198
Lucien Solvay, *Au pays des orangers*, 1882

Page 199
F. Scott Fitzgerald, *Tendre est la nuit*, Livre de Poche/ Pierre Belfond, Paris, 2004

Pages 200, 204
Agatha Christie, *Le train bleu*, Librairie des Champs-Élysées, Paris, 1947

Page 203
Colette, *Prisons et Paradis*, Ferenczi et fils, Paris, 1932

Pages 226, 227, 228
Ethel. M. Bagg, *Voyage dans l'Afrique du Sud*, revue Le Tour du Monde, Hachette, 1913

Pages 250, 252
Hugues Krafft, *Souvenirs de notre tour du monde*, Paris, Librairie Hachette et Cie, 1885

Pages 251, 255, 256
Isabella L. Bird, *Voyage d'une femme aux montagnes Rocheuses*, Librairie Plon, 1888

Page 285
Jean Cocteau, *Tour du Monde en 80 jours* (mon premier voyage), Idées/Gallimard, Paris, 1983

Page 286
André Chevrillon, *Dans l'Inde*, Paris, Librairie Hachette et Cie, 1891

Pages 287, 288
Vitold de Golish, L'Inde impudique des maharajahs, Laffont, Paris, 1973

Pages 302, 303
W. Robert Foran, *La vie en Malaisie, Singapour-Malacca-Bangkok-Sumatra-Java-Bali*, Payot, Paris, 1936

Page 326
Patrick Leigh Fermor, *Courrier des Andes, Chronique nostalgique du pays Inca*, éditions Phébus, traduction de Gérard Piloquet, 1992

Bibliographie

100 trains de légende, André Papazian, Solar, 2003

All Aboard !, Images from the Golden Age of Rail Travel, Lynn Johnson & Michael O'Leary, Chronicle Books, San Francisco

Des trains pas comme les autres, François Gall, Bernard d'Abrigeon, Sélection du Reader's Digest, 2002

Histoire des trains de luxe, George Behrend, Medea, 1984

India's world Heritage Line, Richard Wallace, published by the friends of DHR, 2000

L'Orient-Express, Jean des Cars, Jean-Paul Caracalla, Denoël, 1984

Le goût du voyage, Jean-Paul Caracalla, Compagnie des Wagons-Lits/ Flammarion, 2001

Le Train Bleu, Jean des Cars, Jean-Paul Caracalla, Denoël, 1988

Le Transsibérien, Jean des Cars, Jean-Paul Caracalla, Denoël, 1986

Les derniers trains de rêve, Patrick Poivre d'Arvor, Le Chêne /Filipacchi, 1991

Les grands trains, Clive Lamming, Larousse, 2001

Les plus beaux voyages en train, ouvrage collectif, Solar, 1994

Union Pacific Railroad, Brian Solomon, MBI Publishing Company, 2000

Crédits photographiques

Alamy Images : p. 150, 151, 292, 293
Bailey, Krys/ Marmotta : p. 352
Brown, Steve : p. 88, 102, 104, 106, 107, 108, 109, 110-111, 137, 145, 146, 155 à 158, 274-275,
Brzostowski, Rob E : p. 340, 341, 343, 345
Burlington Northern Santa Fe : 262
Calzephyr.railfan.net : 263, 264 (à droite), 277
Charlesworth, David : p. 37, 38, 39, 40-41, 42, 43, 51
Compagnie des Wagons-lits : p. 2, 4, 11, 17, 57, 58, 64, 65 (en vignette), 66, 67, 68, 69, 70, 71, 72, 75, 76, 79, 84, 85, 139, 140, 141, 152, 153, 201, 202, 203, 205, 207, 208, 209, 210, 211, 212, 213, 214, 215, 216, 218
Darjeeling Himalayan Railway : p. 29, 35, 44
Diaporama : p. 309 (a droite), 313, 351
Donzel, Catherine : p. 121, 123
Eastern & Oriental Express : p. 296, 308, 309 (à gauche), 310, 311, 312, 314, 315, 316
Gert, Ludwig/Visum/Cosmos : p. 124
Gysemberg, Benoît : p. 6-7, 112, 113, 159, 160, 174, 175, 176-177, 178, 179, 184-185, 244, 264 (à gauche), 265, 266, 267, 278, 280, 291, 330, 331, 342, 332, 333, 334-335, 294
Laubier, Guillaume de : p. 78
Martin, Terry : p. 46, 47
McBeath, Malcolm : p. 344
Navez, Ren : p. 249
Orient-Express Limited : p. 320, 336-337, 346, 347, 348, 350
Roger-Viollet : p. 52, 192, 217, 257, 276
Seiler, Bernd : p. 24
Sharma, Anil : p. 295
The Blue Train : p. 220, 229, 231 à 243
Tindall, Nick : p. 338
Tipple, Marion : p. 329
Vérascopes-Richard/Photothèque Hachette : p. 49 (Lafarelle), 142 (Turot), 143 (Turot), 144 (Chemin-Dupontès), 147 (Kritch), 148-149, 154 (Zo d'Axa), 169 (Voyage Alluaud), 170 (Voyage Alluaud), 180 (Alluaud), 183 (Alluaud), 186 (Alluaud), 190 (Alluaud), 230 (Chemin-Dupontès), 279 (Wallon)
Via Rail : p. 103, 115, 116-117, 118,
Waite, James : p. 171, 173, 181, 182, 188, 305, 306, 307
Walter, Marc : p. 8, 12, 19, 45, 48, 50, 65, 74, 77, 80, 81, 82, 83, 86, 87, 101, 114, 119, 120, 122, 138, 206, 219, 258, 259, 260, 261, 289, 290, 304, 317, 318, 319, 327
Waring, Claire/Buzzwords Editorial : p. 339
Warren, Geoff : p. 1, 18, 172, 187, 189, 191

Remerciements

L'équipe éditoriale remercie les photographes et tous les passionnés de trains qui ont accepté de collaborer à cet ouvrage. Leurs informations nous ont été précieuses. Nous remercions également les compagnies de chemin de fer – The Blue Train, Orient-Express Ltd, Via Rail, Eastern and Oriental Express – qui nous ont fourni une importante documentation.
Notre reconnaissance va, en particulier, à la Compagnie des Wagons-Lits qui, en la personne de Mme Martine Chantereau, a énormément contribué à enrichir ce livre. Grâce aux documents qui nous ont été confiés et que nous reproduisons ici, nous espérons contribuer à une meilleure connaissance du fabuleux patrimoine de la Compagnie, patrimoine préservé et toujours vivant grâce au Pullman Orient Express qui poursuit l'aventure commencée il y a plus d'un siècle.

Conception de la collection et direction artistique : Marc Walter
Mise en page : Florence Cailly / Chine
Cartographie : Caroline Seigle / Chine
Reproductions photographiques : Gaspard Walter / Chine
Iconographie : Caroline Gibert-Catherine Donzel / Chine
Suivi éditorial et collaboration rédactionnelle : Catherine Donzel / Chine
Photogravure : Planète Graphique

Achevé d'imprimer en Chine par Midas
Dépôt légal : 77040 novembre 2006
ISBN : 2842777018
34/1863/9-01